별거 없는 헌법
*
별일 없는 우리

추천글

많은 사람들은 '법'을 복잡하고 어렵게 생각한다. 하지만 법이 우리의 일상에 얼마나 필요한지, 알고보면 재미있는 부분도 얼마든지 있다는 것을 이 책을 통해 배우게 된다. 대한민국 최고의 법인 「헌법」을 저자들의 다양한 경험과 사례, 그리고 사회적 유행과 절묘하게 연결시켜 탄탄하게 구성하고 있다.

〈함께걸음〉 청년 기자 박관찬

헌법을 읽고 나면 어쩌면 깊은 곳에서 교차되는 안도감과 분노감마저 느낄 수 있다. 안도감은 우리 사회가 생각보다 엉망진창은 아니기 때문이고 분노감은 우리가 너무 몰랐으며 특정 계층은 알면서 이용했다는 걸 느끼기 때문이다. 그 교차되는 감정으로 우리는 세상을 향해 적절하고 정확한 목소리를 낼 수 있게 된다. 여기 헌법을 읽은 청년들이 있다. 그들의 목소리와 삶이 궁금하다면 이 책을 꼭 읽어보시길 바란다.

청년 NGO 활동가 조영태

헌법은 국가의 정신이자 얼굴이다. 모든 법의 근간이 되는 최상위 법이기도 하고, 130조에 달하는 조문에는 국가의 통치조직. 통치작용의 기본원리. 국민의 기본권 보장을 규정 하고 있는 근본 규범이다. 그런데 왜 우리는 기본권을 지켜주는 헌법에 대해서 무관심 한가? 이 물음에 각자의 방식으로 답하고 있는 5명의 공동저자의 헌법 이야기에 귀 기울여 볼 때이다.

대구청년정첵네트워크 전위원장 박준우

"아! 테스형 세상이 왜 이래 왜 이렇게 힘들어"

이제 테스형을 찾지 말고, 헌법 읽는 청년들을 만나보자. 지금 우리 사회가 어디로 가고 있는가? 대한민국의 기점은 어디인가? 청년들은 무엇에 분노하고 어떤 삶을 원하는가? 청년의 관점으로 읽는 헌법속에서 당신은 대한민국의 기점과 지향점, 그리고 당신의 좌표를 확인할 수 있을 것이다. 이 책을 다 읽을 때 쯤이면, 당신은 지속가능한 공동체를 위한 새로운 헌법개정안을 꿈꾸게 될 것이다.

대구시 청년정책과장 김요한

헌법은 그저 130조의 글자만 의미하는 것이 아니다. 그속에는 대한민국의 역사와 정신, 그리고 가치가 담겨져 있다. 헌법은 멀리 떨어져 있는 것 같지만, 우리 실생활에서는 쉽게 접할 수 있다. 모든 국민은 주권을 가지고, 양심과 표현의 자유를 누릴 수 있다. 국방과 납세의 의무가 명시되어 있고, 흔히 말하는 국가기관도 정리되어 있다. 헌법에 대해 우리 청년들이 어떤 생각을 하는지, 다시 한 번 생각하는 계기가 되길 바란다.

더불어민주당 국회의원 장경태

작년 어느날, 대구 청년들이 '내 생애 첫 헌법'을 출판했다는 소식을 알려왔다. 반가움에 의미를 더해 2020년 제헌절, 국회에서 전시회를 열었었는데, 벌써 두 번째 책이 나왔다. 그 어느 때보다 헌법정신과 법치주의에 대한 국민적 열망이 뜨거운 요즘과 같은 시기에, 개인이 겪은 권리침해, 각자가 추구하는 행복, 청년이 바라본 국가 등 헌법에 대한 다양한 견해와 냉철한 시각이 담긴 책이 출간된 것은 저자들 개인뿐 아니라, 사회적으로 의미있는 일이다. 헌법의 헌(憲)은 해로울 해(害)와 눈 목(目), 마음 심(心)의 한자가 합쳐져, 나라가 해로운 일을 하지 못하도록 눈과 마음으로 감시한다는 뜻을 담고 있다. 청년들의 헌법읽기는 이와 같은 헌법정신이다. 청년들은 이 책을 통해 대통령, 정부 등 국가기관의 권력행위가 헌법에 어긋나지 않는지, 오늘날 대한민국이 올바른 방향으로 나아가고 있는가에 대해 나름의 해답을 찾고 있다.

국민의힘 국회의원 양금희

별거없는헌법
별일없는우리

마주, 서우민, 이은지, 이정현, 최노멀

목차

시작   13

    사용법을 모르는 호신용 무기, 헌법   14
    헌법은 처음이야. 그래서 소중해.   22

1장 권리   29

    유죄추정의 DNA   30
    코로나가 키우는 악마   37
    당신의 권리는 상대방의 코앞까지만   45
    미성년자가 판단능력이 떨어지나요?   49
    누구나 차별하고, 차별 당하는   53
    대한민국에 미치었습니까, 휴먼?   62
    국민의 5대 의무   69

2장 국회   73

    정확한 비판을 하는가, 막연한 불신을 가지는가   74
    대리인 문제   85
    누가 내 세금을 훔쳐갔나? 국회의 예결산 의결권   89
    국회의원의 자격   92
    나라의 병을 고치는 의원 나리를 찾습니다!   96

3장 정부 　　　　　　　　　　　　　　　　　　　　　103

헌법이 만든 제왕적 대통령 　　　　　　　　　　　　　104
나에게 낯선 국무위원 　　　　　　　　　　　　　　　108
나 때는 말이야.(What I am saying) 　　　　　　　　113
공무원의 의무 　　　　　　　　　　　　　　　　　　121
견제 장치가 숨어있다. 　　　　　　　　　　　　　　125

4장 사법부 · 헌법재판소 　　　　　　　　　　　　　137

어서 오세요, 사(법해)설소입니다. 　　　　　　　　　138
21세기 솔로몬에게 필요한 것 　　　　　　　　　　　145
판사는 어떻게 뽑혀야 하는걸까 　　　　　　　　　　153
헌법재판소의 정당성 　　　　　　　　　　　　　　　160
결정(決定)하셨으면 주문(主文)하세요. 　　　　　　　165

5장 경제 　　　　　　　　　　　　　　　　　　　　175

조세 납부의 의무라, 저는 준조세가 더 부담돼요 　　176
현재를 깨치며 살아가는 법 　　　　　　　　　　　　179
공공기관의 의결권 행사는 사기업의 경영 통제 아닐까요? 　191
응답하라 경자유전 　　　　　　　　　　　　　　　　195

6장 그리고 201

감사원과 독립성 202
민주주의의 꽃, 선거야. 그대로만 자라다오. 206
지방자치로 가는 길 213
헌법과 우리의 통일 갭 218
높은 문화의 힘 225
실종된 헌법 개정안을 찾습니다. 229

끝 241

헌법 어디까지 읽어보셨어요? 242
우리들의 대답 245
대한민국헌법 248
문재인대통령 헌법개정안 268
참고문헌 290

시작

이은지
사용법을 모르는 호신용 무기, 헌법
마주
헌법은 처음이야. 그래서 소중해.

시작

사용법을 모르는 호신용 무기, 헌법

이은지

    자신을 보호할 목적으로 호신용품을 늘 가지고 다니는 사람이 있다고 생각해보자. 위험 상황은 언제든 발생할 수 있고 전혀 발생하지 않을 수도 있다. 설령 아무 일이 발생하지 않는다고 하더라도 호신용품을 가지고 다니는 편이 없는 것보다는 마음을 놓이게 할 것이다. 그런데 만약 매일 소지하고 다니던 호신용품의 사용법을 제대로 익히지 못해 결국 중요한 순간에 이를 사용하지 못했다면? 이는 결국 없는 거나 마찬가지다. 가장 최악의 경우는 이를 상대방에게 뺏기는 것이다. 더는 나를 보호하는 물건이 아니라 나를 위협하는 더 큰 무기가 되어 돌아온다. 우리 삶에서 헌법은 이와 같은 것이다.

헌법은 하나의 국가 그 자체이며, 다른 국가에 보이는 한 나라의 얼굴이다. 모든 국가는 헌법을 통해 자신의 정당성을 확인한다. 즉, 헌법은 그 나라의 정체성과 추구하는 가치가 함축된 하나의 체계이다. 대한민국「헌법」제1조 '대한민국은 민주공화국이다. 대한민국의 주권은 국민에게 있고, 모든 권력은 국민으로부터 나온다.' 해당 조문은 고난과 역경이 난무한 우리나라 정치사 이야기를 다룰 때, 미디어에서 빈번하게 등장하는 조문이다. 여기서 '공화국'이란 다수에 의한 공적 결정으로 운영되는 나라를 말한다. '민주공화국'은 그 공적 결정에 참여할 수 있는 권리가 특정 다수에게 있는 것이 아니라 모든 국민에게 있다는 뜻이다. 우리나라는 현재 민주공화국 체계 아래 국민이 직접 선출한 국회의원, 대통령에 의해 법이 만들어지고 국가가 운영되는 대의제, 즉 간접 민주주의를 기본으로 한다. 하지만, 이는 최소한의 형식일 뿐, 이러한 헌법 규정 자체가 곧 민주주의를 보장하고 있다고 단언할 수는 없다.[01]

1948년 제헌헌법의 전문에서는 "우리들의 정당 또 자유로히 선거된 대표로서 구성된 국회에서 단기 4281년 7월 12일 이 헌법을 제정한다."라고 규정했다. 헌법의 제헌권자는 대한국민이며, 국민의 대표기관인 국회에서 헌법을 제정하였음을 분명히 하고 있다. 그러나 역사를 돌이켜 보면, 우리나라는 헌법을 빼앗긴 채 자유와 민주주의를 억압당하고 살아온 세월이 그렇지 않은 기간보다 훨씬 길다. 모든 권력에는 정당성이 있어야 하고 정치는 결국 명분 싸움이다. 하지만 부정한 권력에는 애초에 정당성이 있을 수 없음으로 헌법은 대통령의 자의적 권력 행사와 장기 집권을 위한 정당성 확보의 도구로 이용되었다. 스위치를 ON/OFF 하듯 대통령 직·간선제는 당대 대통령의 당선 유불리에 따라 쉽게 개정되었고 중임 조항, 의결정족수 기준 등 민주주의를 위한 제도적 장치들은 국민 모두가 아닌 특정 누군가의 종신 집권을 위한 정치적 도구로써 이용됐다. 임기가 다 차면 자리에서 물러나는 것이 아니라 헌법을 고치면 될 일이었다.

첫 단추가 문제였을까? 1961년 무장군인들의 쿠데타 이후 헌법은 군사정권의 전리품이 되었다. 긴급조치권, 국회 회기 단축과 국정감사 폐지, 법관의 대통령 임명제 등을 포함하는 유신헌법은 국민안전보장을 명목으로 개인의 자유와 권리의 본질적인 내용을 침해할 수 없다는 헌법의 기본권 조항을 삭제하기에 이르렀다. 부정의 바톤터치는 국회를 해산시켰고 정당 활동을 금지했을 뿐 아니라 입법 기능을 강탈하여 국회가 아닌 국가보위입법회의가 이를 대신하는 최악의 사태까지 만들었다. 당시 민주화를 위해 자신의 목숨까지 내놓은 많은 이들의 희생과 투쟁이 없었다면, 우리는 평생 '헌법'이라는 호신용품을 뺏긴 채 위협당하며 살아가야 했을 것이다.

현행헌법 전문에서는 "우리 대한민국은 1948년 7월 12일에 제정되고 8차에 걸쳐 개정된 헌법을 이제 국회의 의결을 거쳐 국민투표에 의하여 개정한다."라고 규정하고 있다. 비록 헌법에 무심한 우리였지만 다행히 헌법은 우리 삶에 더욱 가까이 와 있다. 하지만 우리는 여전히 헌법에 대해 잘 알지 못한다. 사용법을 모르는 호신용품처럼 사실은 아직도 우리 손에 온전히 쥐어지지 않은 권리를 항상 존재하는 것이라 착각하고 살아가는 것일 수 있다. 우리가 헌법에 대해 제대로 알지 못하면, 우리의 권리를 정당하게 행사하지 못할 뿐 아니라 정작 중요한 순간에 우리를 억압하는 무기를 넘겨주는 꼴이 될 수 있다. 이것이 대한민국에서 살아가는 사람이면 누구든 헌법 공부가 필요한 이유다.

그런데 우리는 왜 헌법에 대해 이리도 무관심할까? 살면서 '헌법에 대해 왜 공부하지 않으세요?'라는 질문을 받아본 적 있는가? 그 누구도 받아본 적 없는 질문일 것이다. 자격증, 취업 등을 위한 수단으로 헌법을 '학습'하는 경우를 제외하고 전공자가 아닌 이상 법에 대한 교육은 받아볼 일이 거의 없다. 또, 좋은 건 알겠는데 법 자체가 어려워 시도하는 것이 두렵다고 느끼는 사람이 많다. 영어 틀리는 것은 조금 부끄러워도 맞춤법 모르는 것은 실수로 치부하고 쉽게 넘어갈 수 있듯이 '헌법 좀 모를 수 있지', 헌법을 모르는 것이 부끄러운 일까진 아니다. 오히려 이런 질문을 하는 사람을 이상하게 생각할 것이다. 필자가 생각하기에 근본적인 이유는 지금 당장의 내 삶이 법을 잘 알지 못해도 문제없이 잘 굴러가기 때문이다. 지금 당장은 필요하지 않지만, 내가 필요할 땐 언제든지 내 곁에 있을 것이라는 생각. 사용법도 모른 채 호신용품을 소지하고 있는 것에 일단 위안을 삼는 심리처럼 말이다. 이번 헌법 모임을 통해 나 역시 모르고 지나칠 뻔했던 것들을 많이 알게 되었다.

어렸을 때부터 공직에 종사하는 것이 꿈이었던 나는 「헌법」 제1장 총강 7조 2항에 있는 '공무원의 신분과 정치적 중립성은 법률이 정하는 바에 의하여 보장된다.'라는 문구를 보고 감탄을 했다. '와 우리나라는 공무원의 신분과 정치적 중립성을 보호까지 해주는 법이 있는 좋은 나라구나.'하고 말이다. 아무래도 공무원 조직은 타 조직과 비교했을 때, 변동성이 적은 폐쇄·수직적 조직이기 때문에 원하든 원하지 않든 상부의 지시에 따라 일을 하게 될 가능성이 크다고 생각했다. 이를 고려한 세심한 제도적 보호 장치가 헌법에, 그것도 총강 부분에 위치한다는 점이 그저 신기했다. 하지만, 총강 전체를 함께 살펴보면서 주권, 국민, 영토 등 국가의 틀을 다지는 내용을 총강에서 주로 다루다가 특정 직업군인 '공무원'에 대한 규정이 존재하는 것이 다소 생뚱맞게 느껴졌다. 헌법 모임에서 나누었던 이야기와 당시 함께 읽었던 박홍순 저자의 「헌법의 발견」을 토대로 나름의 생각을 정리한 결과는 다음과 같다. 공적인 것을 규율하는 법이라 하여 헌법을 흔히 '공법'이라 한다. 하지만, 헌법은 공적인 것과 사적인 것을 모두 담고 있다. 이 두 가지 개념이 서로 떨어질 수 없는 이유는 공적인 것을 묶으면, 곧 그 이외는 사적인 것이 되기 때문이다. 국가는 공적인 것과 국가를 함께 묶어 우선적으로 보살핀다. 국가 안에서 국민은 공적인 것과 자신의 것이라 할 수 있는 사적 영역, 이 두 가지 질서 속에서 살아간다. 따라서, 헌법은 공적인 것과 사적인 것의 경계를 마련하는 존재이다. 이는 부와 권력을 지닌 사적인 힘이 국가와 구성원의 영역을 좌지우지하지 못하도록 한다. 또한, 이렇게 얻은 국가의 공적인 힘이 개인의 사적 영역을 침해하지 않도록 규제하기도 한다.

개인의 직업과 정치적 견해는 지극히 사적인 영역이다. 하지만, 국가의 일을 대리하는 업무를 수행하는 '공무원'이라는 직업을 사적인 영역으로만 볼 수는 없다. 직업의 특성상 정치적 힘이 관여될 여지도, 개인의 이익과 공동의 이익 사이에 중요한 결정을 내려야 하는 순간이 많기 때문이다. 따라서, 헌법은 '공무원'이라는 공적 영역을 보호하면 자연히 사적인 영역까지 보호한다. 다행히 이 법은 내 생각과 동일하게 1960년 4·19혁명 이후, 이승만 정부의 조직적인 선거 부정 문제를 계기로 공무원을 동원한 부정선거를 방지하기 위한 목적으로 제정되었다. 그러나 1963년 「국가공무원법」에 이 규정의 취지와 반대로 공무원이 정치적 중립성 규정을 위반했을 시 처벌하는 조항이 신설되었다. 정당 가입 등 정치 행위에 대한 모든 금지로 이어진 것이다. 「국가공무원법」 제 65조 1항은 '공무원은 정당이나 그 밖의 정치단체 결성에 관여하거나 이에 가입할 수 없다'라고 명시하고 있으며 제 66조에서는 '공무원은 노동 운동이나 그 밖에 공무 외에 일을 위한 집단 행위를 해서는 안 된다.'고 규정한다. '법률이 정하는바(보호를 위한 수단)에 의해 보장된다.'라는 말이 '법률이 정하는 바(딱 그 정도로만)'로 해석되어 공무원의 정치 행위를 일절 금지하는 것으로 쓰인 것이다. 그 결과, 공무원은 공직 수행 영역 외에 기본권의 주체인 국민으로서 행할 수 있는 정치 활동과 노동자로서의 권리까지 제약을 받는다. 「헌법」 총강 7조 1항에 따라 국민 전체에 대한 '봉사자'로서 '공무원'을 강조하는 것은 마치 이러한 제한을 필연적인 것으로 여기게끔 한다.

물론 개인적 견해에 따라 공무원이라는 신분의 특성상 정치적 이해관계에 따라 자신의 업무를 수단으로 사용하는 것을 방지하기 위해 이에 대한 규제는 필요하다고 생각하는 사람도 있을 것이다. 그러나, 「헌법」 제 11조 제1항 '모든 국민은 법 앞에서 평등하며 누구든지 성별, 종교 또는 사회적 신분에 의하여 정치적, 경제적, 사회적, 문화적 생활의 모든 영역에 있어서 차별을 받지 아니한다.'라고 명시되어 있다. 업무의 특수성 등 다른 합리적 요소 없이 공무원에게 모든 정치적 활동을 금지하는 것은 사회적 신분에 따른 또 따른 차별이 아닐까 생각한다. 무엇보다 권위주의 정권 시절에 정치 권력의 이해관계에 따라 움직일 수밖에 없었던 공무원과 이들을 동원한 부당한 권력, 그 부끄러운 역사적 경험을 바로 잡기 위해 만들어진 해당 법이 지금 공무원의 정치적 중립 의무를 보호하기 위한 수단이 아닌 직무상 필연적 의무인 것으로 해석되는 것은 또 다른 문제이기 때문이다.

이는 극히 일부 사례이다. 초기 취지와 달리 특정 사람들의 입맛에 유리하게 해석되어 운용되고 있는 헌법 조항은 은근히 많았다. 또, 「헌법」 29조 2항과 같이 군인, 군무원, 경찰공무원 등 특정 직업군이 전투, 훈련 등 직무집행을 수행하면서 받은 손해에 대해 법률이 정하는 보상 외에 국가 또는 공공단체에 공무원의 직무상 불법행위로 인한 배상은 청구할 수 없다던지 하는 개인적으로 전혀 공감하지 못했던 조항도 여럿 있었다. 모두 헌법 읽기 모임을 참여하기 전에는 알지 못했던 것들이다. 우리는 헌법을 제대로 향유하고 있는 것일까. 여러분에게 묻고 싶다.

"당신은 헌법 사용법을 제대로 알고 있는가?"

| 시작

헌법은 처음이야. 그래서 소중해.

마주

　헌법 제1조는 '대한민국은 민주공화국이다. 대한민국의 주권은 국민에게 있고, 모든 권력은 국민으로부터 나온다.'고 명시(明示, 분명히 드러냄)하고 있다. 민주공화국이라 함은 주권이 국민에게 있고, 주권이 국민의 의사에 따라 이루어지는 나라를 뜻한다. 박근혜 전 대통령을 탄핵하고 문재인 정부가 탄생한 것은 이 조항과 관련이 깊다. 당시 국민은 헌법 제1조를 근거로 거리에 나왔고, 촛불을 들어 정권을 교체했다. 국민 개개인이 모여 나라를 바꾼 사건이었다.02 내가 겪어본 바에 의하면 대한민국 국민은 적극적으로 자신의 의사를 밝힐 줄 아는 똑똑한 사람들이다. 그리고 헌법 정신에 따라 나라의 안녕과 존위를 기꺼이 염려하는, 명시(明視, 밝고 분명)한 민족이다.

우리나라 법률은 독일식 대륙법계의 성문법주의를 따르고 있다. 풀어 설명하자면 로마법 + 게르만법 → 독일법 → 일본법 → 한국법의 계보를 따르면서 법규의 구체화와 체계화에 매우 용이한 장점이 있어 법관의 재량보다 법조가 우선되는 편차 없는 재판이 가능하다.

헌법 제2조 1항에 따라 대한민국의 국민이 되는 요건은 법률로 정한다. 태어날 때부터 국적을 내가 선택할 수는 없고 우리나라 국적법에 따라 아버지 또는 어머니가 한국인이면 출생한 자녀도 한국 국적이 된다. 문득 속인주의 국적을 따르는 우리나라의 유교적 문화 특성을 반영한 것은 아닌지 궁금해졌다. 가족법이라고 불리는 민법 제4편 친족법과 제5편 상속법을 보면 관습과 전통에 의해 지배되는 경향이 강하고 보수적인 성격을 띠고 있어서 어느 정도 일리가 있어 보인다. 반면 속지주의 방식은 그 나라의 영토에서 태어나야 국적을 취득하게 되는 방식을 말한다.

정부가 저출산 해결을 위해 국내출생 외국인 자녀에게 한국 국적을 부여하는 방안을 검토하기로 했다. 미국처럼 국적 부여에 속지주의를 적용하겠다는 것이다.[03] 취지는 우수 인재 등 일정 요건을 충족하는 외국인의 자녀만 예외적으로 국적을 주는 것이고 저출산 해결을 위해서이며 기존의 혈통주의 원칙을 전면 수정하는 게 아니라고 밝혔는데, 기사 내용처럼 원정출산이나 건강보험

재정수지 적자 등의 문제가 발생할 수 있다는 우려에 나도 동의했다. 현행 국적법상 미국 등 속지주의를 채택한 국가에서 태어났더라도 부모 중 1명이 한국인이면 외국과 한국 국적을 동시에 보유한 선천적 복수국적자가 된다. 국적법 12조 2항, 14조 1항 등은 18세가 돼 병역준비역에 편입된 복수국적자는 정해진 기간에 하나의 국적을 선택하도록 하고 있다. 선택 없이 이 기간이 지나면 병역의무를 이행하거나 병역의무가 해소되는 만 36세까지 한국 국적을 이탈할 수 없도록 했다. 헌법재판소는 예외사항 없이 일률적으로 병역의무 해소 전에 국적이탈을 할 수 없도록 하는 것은 과잉금지원칙에 어긋난다고 보았다. 단순 위헌결정을 하여 효력이 즉시 상실되면 병역의무의 공평성 확보에 어려움이 발생할 수 있어 2022년 9월 30일까지 개선 입법을 요구하며 헌법불합치 결정을 내렸다.[04] 이 경우 역시 복수국적자의 국적 포기 제한이 완화되면 병역기피 수단으로 악용될 수 있다는 우려가 있기에 신중한 개정 논의가 필요할 것으로 보인다. 문득 이 말이 떠오른다.

사람은 어디서 와서 어디로 가는 걸까.

본론으로 다시 들어가 보자. 헌법 제3조, 대한민국의 영토는 한반도와 그 부속도서로 한다는 조항을 보고는 조금 놀랐다. 너무도 당연하게 한반도를 영토라고 규정하다니. 우리나라가 휴전국이라서 그런가? 왜 굳이 땅에 대해 언급했을까. 영토 조항을 헌법에 규정하는 예는 흔하지 않다. 어느 나라든 당시의 영토는 이웃 나라와의 국경에 따라 현실로 결정되기 때문이다.[05] 해당 조항을 읽어보고 또 읽어보면서 놀라운 사실을 알게 되었다. 영토는 국가의 통치권이 미치는 구역으로, 토지로 이루어진 국가의 영역에 때로는 영해와 영공을 포함해 사용하기도 한다. 우리는 남한과 북한을 통틀어 한반도라고 부르는데, 이 말은 곧 북한도 대한민국으로 본다는 말로 해석할 수 있었다. 그렇다면 북한을 독립된 국가로 인정하지 않는다는 말이 된다. 헌법 읽는 청년 모임에서도 남한은 북한과의 평화적 흡수통일을 지향하는 느낌이라고 입을 모았다. 대한민국은 평화적 통일 정책을 수립하고 추진한다는 내용의 제4조와 연계해 봤을 때 우리나라는 통일을 점진적으로 준비해나간다는 의지가 있음이 느껴진다. 남한과 북한이 한민족임은 항구적인 사실이고 헌법 전문에서도 대한국민은 세계평화와 인류공영에 이바지한다고 공포하였으니까 말이다.

제5조에서는 대한민국이 침략적 전쟁을 부인함과 동시에 국군이 수행해야 할 사명과 정치적 중립성이 준수됨을 이야기한다. 중립성은 어느 편에도 치우치지 않게 처신하는 성질이다. 과거 한국군은 미국의 동맹국으로서 베트남 전쟁에 전투 병력을 파병했다. 이 과정에서 한국군 청룡부대가 베트남 꽝남성 퐁니·퐁넛 마을을 공격했었고, 비무장 상태였던 주민들이 한국군에게 집

단 총살당하는 사건이 발생했다. 그리고 2020년, 베트남전 민간인 학살 피해자가 대한민국을 상대로 52년 만에 첫 국가배상소송을 냈다. 한국 대통령들은 베트남전 피해자들에 대해 사과의 뜻을 간접적으로 밝혀왔다. 하지만 한국 정부는 민간인 학살을 공식적으로 인정하지 않는다. 베트남 정부 역시 한국 측에 사과를 요구하지 않는다.[06] 우리는, 어떻게 마주해야 하는가.

"전쟁은 때때로 필요악일지도 모른다. 하지만, 아무리 필요하더라도 그것은 언제나 악이며 선이 아니다. 우리는 남의 아이들을 죽임으로써 평화롭게 사는 법을 배워서는 안 된다." - 지미 카터 -

비단 전쟁뿐만이 아니다. 잘못한 것인데 제대로 사과하지 않았거나 해결하지 않은 것이 있지는 않은지 돌아봐야 할 것이다. 잘못을 시인하고 반성하여 과오를 반복하지 않는 것이야말로 대한국민다운 행보이리라.

법령은 토씨 하나에 따라서도 그 의미가 천차만별로 달라진다. 제8조의 경우, 조항의 내용보다 어미(語尾)에 관심을 가지고 살펴보았다. '필요한 조직을 가져야 한다'와 '필요한 자금을 보조할 수 있다'의 차이를 눈치챘는가? '~하여야 한다'는 강행(强行) 규정이지만 '~할 수 있다'는 임의(任意) 규정이다. 강행규정의 경우에는 위반 시 법에서 정한 제재가 뒤따르지만 임의규정의 경우, 강제할 수 없고 위반 시에도 이렇다 할 제재가 없다. 헌법의 경우에는 강행 규정이 많은데 반드시 그렇게 해야 하는 것은 아니고 헌법의 성질상 해당 기관은 최대한 노력을 해야 한다는 정도의 의미가 있다. 이것을 선언적 규정이라 한다. 가급적이면 지키라는 말이기에 책임 회피나 실효성 없이 의미로만 그칠 수도 있다. 법은 해석하기 나름이라는 오명을 입지 않기를 바라는 마음으로 다음 판결문을 인용한다.

'법은 원칙적으로 불특정 다수인에 대하여 동일한 구속력을 갖는 사회의 보편타당한 규범이므로 이를 해석함에서는 법의 표준적 의미를 밝혀 객관적 타당성이 있도록 하여야 하고, 가급적 모든 사람이 수긍할 수 있는 일관성으로 유지함으로써 법적 안정성이 손상되지 않도록 하여야 한다.[07]'

법은 국민에게, 국민은 법에 어떤 존재여야 할까. 어떤 누리꾼의 글에 크게 동의했다. 당사자의 자유로운 의사와 선택에 대한 책임에 대해서는 법이 완벽하게 개입할 수는 없다. 개입해서도 안 된다. 헌법상 국민에게는 자유가 보장되어 있기 때문이다. 그리고 법이 예측하지 못하는 새로운 형태의 계약이나 완전 새로운 분야에 대해서까지 법이 규율할 수는 없다. 법은 보충적이고, 사후적이다.[08]

할 수 있건 해야 하건 간에 중요한 것은 헌법의 가치와 목적에 맞게 하면 된다. 법 안에서 살지, 법 위에서 살지, 법 없이 살지는 각자의 선택에 달렸다. 헌법의 정신이 담긴 조항을 세세하게 뜯어본 것이 처음인 대한국민으로서의 나는 헌법 전문과 총강에 대해 자유롭게 표현하고 전달하는 이 경험이 참 소중하다.

1장. 권리

이은지
유죄추정의 DNA

서우민
코로나가 키우는 악마

이정현
당신의 권리는 상대방의 코앞까지만

최노멀
미성년자가 판단능력이 떨어지나요?

서우민
누구나 차별하고, 차별 당하는

마주
대한민국에 미치었습니까, 휴먼?

이정현
국민의 5대 의무

1장 권리

유죄추정의 DNA
이은지

최근 인터넷을 하다가 '21세기 대한민국 6대 거짓말'이라는 유머 짤을 보았다. '네 이웃을 사랑하라.'라는 목사부터 팩트 체크를 하는 기자까지… '피식'하고 웃음이 나왔다. 우리나라 최고 엘리트 집단인 의사, 법관, 검사가 사기꾼과 어깨를 나란히 하는 대상이라는 점이 씁쓸하였지만, 유머는 유머일 뿐. 불만을 재치 있게 표출한 것이므로 심각하게 받아들일 필요는 없었다. 하지만, 올라가 있던 내 입꼬리를 내릴 수 있었던 것은 무죄추정의 원칙으로 조사하고 있다는 검사의 말이었다. 2016년 나는 형사고소를 당한 적이 있다. 남한테 피해만 안 끼치고 평범하게 살면 죄짓고 교도소 갈 일은 평생 없으리라 생각해 왔는데, 인생은 생각대로 흘러가지 않는다더니 전과자를 이해 못 했던 내가 전과자가 될 뻔했다. 5년이 지난 일이지만 생생한 기억으로 남아 있다. 나는 룸식 호프집에서 저녁 11시부터 새벽 5시까지 마감 아르바이트를 하고 있었다. 그날은 손님이 별로 없어서 해야 할 일을 다 끝내고 주방 쪽에서 쉬고 있었다. 그때 술 취한 어떤 여자 손님이 나에게 와서 애교를 부렸다. 아무래도 술집이다 보니 별별 손님이 다 있다. 적잖이 당황했지만, 적당히 호응도 해줬다. 마감 시간에 가까워지니 손님들이 차례대로 빠져나갔고 나는 혼자 아르바이트 중이었기 때문에 손님이 나간 순서대로 룸을 정리를 한다고 분주했다. 모든 방을 다 치우고 매장 전체 마감 정리를 한 뒤 새벽 5시가 되어 화장실에서 옷을 갈아입고 퇴근을 했다. 화장실에서 옷을 갈아입을 때 무엇인가 불길한 기분을 잠깐 느끼긴 했지만, 그때 당시 이상한 점은 없었다. 찜찜한 기분은 그때 잠깐이었고 퇴근 후 피곤함에 지쳐 집에 가자마자 잠을 청했다.

여느 때와 다름없이 늦은 오후가 되어 일어났고 내 휴대폰에는 점장님으로부터 문자 하나가 와 있었다. 화장실에서 검은색 지갑을 본 적 있냐는 문자였다. 있었던 사실 그대로 '본적 없다.'고 답장을 보냈다. 그 후, 2시간 뒤 모르는 번호로 문자가 왔다. 어제 나에게 말을 걸었던 바로 그 손님이었다. 내 개인 정보는 어떻게 알아낸 건지…. 자신의 지갑을 본 적 있냐는 연락을 직접 해 왔다. 나는 마찬가지로 본 적 없다고 하였고 지갑을 꼭 찾았으면 좋겠다는 말을 덧붙여 전했다. 이때까지만 해도 '한 손님이 매장에서 지갑을 잃어버리셨구나' 하고 안타까운 마음뿐이었다. 그리고 한 시간 뒤 경찰서에서 전화가 왔다. 담당 형사는 다짜고짜 고소인이 별다른 처벌을 원하지 않으니 지금이라도 지갑을 돌려주면 괜찮다는 식으로 말했다. 그러면서 사람은 누구나 실수할 수 있다고 마치 나를 범죄자인 양 회유하기 시작했다. 매우 어이가 없어서 나는 왜 사람을 범죄자 취급하냐고 따졌다. 그런데 그 형사는 본인이 더 역정을 내면서 '그럼 수사를 할 때 모든 사람을 다 범죄자라 생각하고 수사하지 그게 아니면 어떻게 수사하냐'며 나에게 따져 물었다.

대한민국 「헌법」 제27조 4항 '형사 피고인은 유죄의 판결이 확정될 때까지 무죄로 추정한다.'고 규정되어 있다. 범죄 영화에도 흔히 나오는 대사로 누구나 한 번쯤은 들어본 적 있는 '무죄추정의 원칙'이다. 헌법에서 기술하고 있는 '형사 피고인'이란 범죄의 혐의가 있어 검사에게 기소되어 법원의 심리를 받는 피의자를 뜻한다. 여기서 유죄 판결이란 실형 선고 판결을 말한다. 내 앞에 있는 수사관은 검사가 아닌 형사라서 그런 것일까? 살인혐의를 받는 잔혹한 살인범이라도 법원의 판결이 나오기 전까지는 무죄로 추정되는데 나는 왜 죄를 저지르지도 않았는데 범죄자 취급을 받고 있는지 이해되지 않았다.

무죄추정의 원칙은 근현대 법치국가 형사법의 근간을 이루는 대원칙이다. 이는 헌법에 명시된 국민의 기본 권리이기도 하다. 언제부터 상황에 따라 선택적으로 사용될 수 있는 것이었단 말인가? 실제로 무죄추정의 원칙은 재판 당사자인 피고인뿐만 아니라 경찰이나 검사 등 수사기관으로부터 수사를 받는 피의자 모두에게 적용된다. 무죄추정의 원칙은 피의자 또는 피고인을 죄 없는 자에 준하여 취급함으로써 법률적 또는 사실적 측면에서 유형이나 무형의 불이익을 주지 않아야 된다는 의미다. 여기서 말하는 '불이익'이란 유죄를 근거로 한 사회적 비난 또는 기타 응보적 의미의 차별 취급을 가하는 것을 말한다. 따라서, 수사관은 고문이나 모욕적 언행을 사용해서는 안 된다. 통화 말미에 내가 조사에 응하지 않겠다고 하니, 형사는 직접 차를 끌고 우리 집 앞에 와서 데려가겠다고 했다. 부모님과 동네 사람들 앞에서 끌려가는 꼴을 보였으면 좋겠냐고 협박 아닌 협박까지 했다. 나는 더는 대꾸할 가치를 못 느껴 '그냥 알아서 하세요.'라고 말하며 통화를 끊었다. 그때 당시에도 무죄추정의 원칙을 알고 있었지만 제대로 알지는 못했고 형사의 확고한 언행에 아무런 대꾸도 하지 못했다.

당시 형사는 명확한 증거도 없었다. 통화를 끝내고 출근을 해서 점장님의 이야기를 들어보니 형사들은 매장 내 CCTV를 녹화하는 방법조차 몰라 증거

확보도 제대로 하지 못했다. 그냥 그 자리에서 띄엄띄엄 영상을 본 뒤 화장실에 맨 마지막으로 들어간 사람이 나라는 것만 확인하고 돌아갔다고 한다. 결국, 직접 매장 CCTV를 처음부터 끝까지 다 돌려보고 내 휴대폰으로 재촬영을 하였다. 법적으로 그래도 되는지 모르겠지만 내가 나를 보호할 수 있는 유일한 방법이었다. 확인 결과 나 말고도 화장실에 들어간 사람이 한 명 더 있었다. 심지어 그 사람은 고소인이랑 같은 시간대에 화장실에 함께 있었다. 그리고 화장실에서 나올 때, 고소인의 것과 색이 같고 크기가 비슷한 지갑을 손에 들고나왔다. 그런데도 형사는 화장실에서 나오는 나의 모습만 보고 '걸음걸이가 영~ 범죄자 걸음걸이 같다.'며 나를 지갑 도둑 취급한 것이다.

다음날, 확실한 증거를 들고 경찰서에 조사를 받으러 갔다. 직접 녹화한 영상을 보여 주며 이와 같은 사실을 이야기하니 형사 쪽에서 나에게 증거 제공을 요청했다. 어제는 나를 범죄자 취급하더니 갑자기 자신의 본적과 나의 본적이 같다며 친근한 척까지 했다. 그 뒤로 경찰서로부터 아무런 연락도 오지 않았다. 형사의 확신에 가까운 용의자였던 나는 그래서 그 일이 어떻게 종료되었는지 결과조차 알지 못한다.

만약 이 당시 내가 법에 대해서 많이 알고 있었다면, 나를 지켜주는 법이 존재한다는 것을 명확히 알고 활용할 수 있었다면 형사의 부적절한 언행에 더 잘 대처할 수 있지 않았을까? 최악의 상황은 면했지만, 잠깐의 억울함으로부터 나를 지키지 못했음에 늘 분하다. 그때 당시에 나는 나를 보호할 수 있는 어떠한 방법도 몰랐고 그저 혼자 억울함을 삭일 수밖에 없었다. 이 사건을 계기로 나에게도 한 가지 변화가 생겼다. 명확한 범죄 행위가 밝혀지기 전까지는 타인의 범죄 혐의에 대해 내 의견을 굳이 달지 않는다는 것이다. 지난날의 나 역시 혐의만 있으면 이미 범죄를 저지른 것 마냥 TV 속 용의자들을 욕하고 범죄자 취급을 했었다. 그래서 처음에 그 손님이 나를 의심하는 것은 크게 기분 나쁜 일이 아니었다. 지갑을 잃어버린 당사자 입장에서 나를 충분히 의심할만 했고 오해할 수 있다고 생각했기 때문이다. 하지만 그 사람은 내가 아니라고 했지만, 그 말을 믿지 않았다. 이후 또 연락이 와서 지갑만 돌려주면 본인이 용서해주겠다고 했다. 형사의 경우도 마찬가지다. 수사를 하는 사람이 누군가를 의심하는 게 잘못된 일은 아니다. 또한, 한 번 스며든 의심을 쉽게 떨쳐버리는 것도 쉬운 일은 아니다. 모두가 '저는 아닌데요.' 한다고 바로 의심을 지우는 것도 이상한 것이다. 그러나 그 형사는 자신의 의심을 확신으로 표출할 수 있을 만큼 명확한 증거가 있는가? 무죄추정의 원칙을 수호해야 할 자신의 역할을 한 번쯤 상기했더라면, 오히려 수사가 더 쉬워졌을 것이다. 이

일을 계기로 어쩌면 인간 DNA에는 지독한 유죄추정의 원칙이 들어있는 것은 아닐까 생각했다. 그런 의미에서 헌법상 명시하고 있는 무죄추정의 원칙이 얼마나 중요한 가치인지 다시 한 번 생각해볼 수 있었다.

몇 년이 지난 일이지만 형사의 마지막 말이 선명하게 기억난다.

"만약 내가 진짜 범인이 아니면, 지금 그 말 어떻게 책임지실 거예요?"
"범인이 아니면 좋은 거 아닙니까?"

코로나가 키우는 악마

서우민

코로나 재확산이 시작됐다. 전 세계 어느 곳이든 2020~2021년을 살고 있다면 알고 있는 병. 초기 확산 시 대한민국 사람들은 '신천지'에 대해 재조명(혹은 새롭게 알게 된)하게 되었다. '대구', '신천지', '대구코로나', '대구신천지' 등의 키워드로 대구에 사는 사람들은 어느새 신천지 교인, 코로나 확진자를 대표하는 인물이 되었다. 대구에 살고 있는 일인으로서 나름 최선의 방역을 해왔다. 이동하지 않고, 필히 손 소독을 했으며, 마스크를 쓰고, 모임을 중단하고 화상채팅으로 일하는 것 등. 사실 거의 생계 벌이를 못한 채로 2020년을 보냈다. 모아둔 돈을 소진하며 생활하니 불안이 커졌고, 잠을 못 자기도 했다. 대구 확진자가 줄어들다가 한 달 이상 없던 상황이 지속되고, 치료 중인 사람이 30명 이하로 떨어진 것을 보고, '아 그래도 이렇게 노력하니 드디어 해결되는구나.' 생각했다. 그러나 2020년 8월 15일. 전국에서 모인 기독교단체 등의 집회를 시작으로 전국에 확진이 시작됐다. 처음보다 공포는 덜했지만, 공포의 빈자리를 분노와 체념, 혐오가 채우기 시작했다.

왜.. 왜 또 종교인가?

종교인들의 존재가 사회악이 되어야 할 상황까지 몰고 가는 그들의 심리는 도대체 무엇일까?

나는 종교가 없다. 굳이 다른 종교에 관심 쏟고 싶지 않고, 내가 다른 종교를 이해할 필요는 없다고 생각한다. 나의 양심의 자유이기 때문에(제19조 모든 국민은 양심의 자유를 가진다). 어떤 종교를 믿고 싶어 하는 사람에게 '그 종교를 믿지 말아라. 믿으면 불이익을 주겠다.'며 강요하게 되는 상황은 없어야 한다. 이를 막기 위해 헌법에는 종교의 자유가 있다(제20조 1항 모든 국민은 종교의 자유를 가진다). 종교의 자유는 특정 종교를 믿을 자유와 특정 종교를 믿지 않을 자유를 포함한다. 특정 종교를 믿는다는 이유만으로 불이익을 주지 않는다.

한국교회연합(한교연)은 8월 20일 '긴급 공지 사항' 문자메시지에서 "우리는 생명과 같은 예배를 멈추어서는 안 된다. 이에 따른 모든 책임은 한교연이 함께 지겠다."고 했다. 반동성애기독시민연대·한국교회수호결사대 등도 "대면 예배까지 중지한 건 예배를 생명처럼 여기는 한국 교회를 적으로 돌려놓겠다는 위험한 정책"이라고 항의했다.[09] 이들이 지속적인 예배를 주장하는 가장 큰 근거는 바로 종교의 자유이다. 헌법에서 종교의 자유를 보장하는데 왜 이를 위반하려 하느냐는 것이다. 그리고 2020년 8월15일. 서울시에서 집회 금지 행정명령을 하였음에도 불구하고 26개 단체에서 22만 명 규모의 집회를 강행했다.

물론 모든 국민은 집회·결사의 자유를 가진다(헌법 제21조 1항 모든 국민은 언론·출판의 자유와 집회·결사의 자유를 가진다). 불합리한 독재를 막고자 집회를 나갔던 시민들을 국가에서 잡아가고, 고문하였던 1980년대에도, 현재에도 이 조항은 없어선 안 된다. 종교가 있다는 이유로 집회를 못 해서도 안 된다. 그러나 그 집회를 시작으로 2020년 8월 30일 기준 1천35명의 코로나 확진자가 생겼다.[10] 전광훈 목사 처벌 뿐 아니라 광복절 집회의 일부를 허용했던 판사를 해임해야 한다는 국민청원까지 올라왔다.[11]

8월 27일, 문재인 대통령과 기독교 지도자들 16명이 간담회를 했고, 문재인 대통령은 집회 참가 사실이나 동선을 숨기고 있어 피해가 계속 늘어나는 상황을 지적했다. 한교종 회장 김태영 목사는 교회가 정부 방침에 반발하는 것은 민망한 일이지만 종교의 자유를 너무 쉽게 공권력으로 제한할 수 있다는 식의 문 대통령 발언은 놀랍다고 했다. 방역을 잘하는 교회는 방역 인증마크를 주거나, 마스크를 착용하고 거리 두기를 한 채 대면 예배를 진행하는 방안을 제안했다. 기독교계 대표들의 입장은 오프라인 예배는 그대로 진행할 수밖에 없다는 것이었다.

그럼 대한민국 시민이자 대구 주민, 2020년 초 일을 시작한 자영업자이자 무교인 나는 어떤 말을 하고 싶을까? 헌법에서 지켜져야 한다고 적혀 있는 권리이니 지켜줘야 한다는 논리는 합당하다. 그러나 나의 권리를 헌법에 따라 보장받는 것은 당연한 일이고, 그 과정에서 타인의 권리가 배척당하는 것은 어쩌다 보니 그렇게 되었다 하는 것이 문제다. 배제당하는 타인의 권리가 나의 권리만큼 중요하지 않다고 확신 할 수 있는가? 나에게 생명보다 소중한 것(종교)일지라도 다른 이의 생명을 앗아갈 가능성이 있는 행동이라면(제34조 1항 모든 국민은 인간다운 생활을 할 권리를 가진다)? 정말 집회를 하겠는가?

산책하다 위성인지 별똥별일지 모를 빛줄기 하나가 떨어지는 걸 보았다. 별똥별일지도 모르니 소원 빌어야지 싶었다. 다른 건 내가 알아서 해볼 테니 제발 코로나 종식 좀 되게 해달라고. 첫째는 내 꿈을 펼칠 기회가 계속해서 차단되기 때문이었고(제15조 모든 국민은 직업선택의 자유를 가진다), 둘째는 경제적으로 힘든 시기가 길어지면서 생계에 위협을 느끼기 때문이었고(제32조 1항 모든 국민은 근로의 권리를 가진다), 셋째는 나와 내가 사랑하는 사람들, 내가 모르지만, 같이 살아가고 있는 사람들이 아프거나 죽기 때문이었고, (제35조 1항 모든 국민은 건강하고 쾌적한 환경에서 생활할 권리를 가지며,) 넷째는 마음껏 사람들을 만나고 돌아다니고 싶었기 때문이다(제14조 모든 국민은 거주 이전의 자유를 가진다).

대면 예배를 해야 한다는 기독교인들에게 나는 진심으로 생각해주길 바라는 질문이 있다. 종교를 믿는다는 것은 나와 우리들을 위한 것이 아닌지, 믿는다는 것은 꼭 예배라는 상황을 통해서만 가능하다고 생각하는지, 나의 행동이 타인의 목숨, 생계, 공포와 불안에 영향을 준다면, 스스로 책임질 수 있다고 생각하는지? 종교의 자유만큼이나 중요한 많은 것들을 포기하거나 제한받고 있는 수많은 시민까지 사랑할 수는 없는지?

헌법 제37조 1항 국민의 자유와 권리는 헌법에 열거되지 아니한 이유로 경시되지 아니한다. 2항 국민의 모든 자유와 권리는 국가안전보장, 질서유지 또는 공공복리를 위하여 필요한 때에만 법률로써 제한할 수 있으며, 제한하는 경우에도 자유와 권리의 본질적인 내용을 침해할 수 없다.

헌법 37조에서 말하는 '국가안전보장'은 '국민안전보장'과 같다. 국민들의 안전을 보장하기 위해 모든 자유와 권리는 제한할 수 있다고 되어 있다. 뒤 문장을 보자. 제한하는 것은 본질적인 내용이 아니다. 신천지 교인들이 대구와 전국에 큰 피해를 주었다고 해서 신천지라는 종교를 없앨 수 있는가? 신천지 교인이라는 이유만으로 처벌하고, 믿지 않도록 강요할 수 있는가? 그렇지 않다. 코로나 종식까지. 특정 기간 행위를 제한하는 것이 최대일 뿐이다. 그리고 그 제한은 종교에만 해당하는 것이 아니다. 수많은 권리와 자유가 제한받고 있다. 코로나 종식을 위해 얼마나 많은 시민이 희생하고, 피해 보고 있을지는 누구도 감히 가늠할 수 없다. 그 힘듦을 스스로 책임지는 이유는 지금은 생명보다 중요한 권리가 없다고 생각하기 때문이다. 생명에 위협이 되는 상황을 만들면서까지 지킬 수 있는 근거는 없다. 그런 의미에서 나에게 신천지 교인이나 광복절 집회 참여자들(그중 종교적 자유를 주장하는 기독교인들)의 행동은 철저한 폭력이었다. 헌법에서는 종교와 정치가 분리된다고 한다(제20조 2

항 국교는 인정되지 아니하며, 종교와 정치는 분리된다). 정부는 기독교여서가 아니라, 국민들의 안전을 위해 마스크를 벗고 접촉하는 행위에 해당하는 것, 다수의 국민들이 모이는 상황에 해당하는 것을 막으려는 것이다. 혹여 다른 곳은 제한하지 않는다고 느낀다면 동일하게 제한 해달라 요청하는 것이 맞다.

코로나 확산을 두 번째로 겪을 때 나는 악마를 보았다(무교인 내가 천사, 악마의 존재를 거론하는 것이 우습지만). 수많은 사람의 공포 어린 비난에도 불구하고 자신의 가치를 지키는 것만이 중요했던 기독교인들은 이미 충분히 악마의 모습을 대변했다. 자신이 믿는 종교를 지지하는 사람들의 말은 무조건 믿고 따르면서 그 종교를 믿지 않는 이들의 안위는 배제했다. 그런 종교 활동은 혐오를 쌓아 올리고 스스로 배제되기를 선택하고 있다. 그 혐오를 통해 새롭게 자란 악마는 나의 혐오다. 이 혐오의 끝을 알 수 없어 공포스럽다. 방역을 잘 지키고 있을 기독교인들에게조차 반감이 커지고 있음을 인정한다.

혐오를 기반으로 한 갈등을 겪을 때 우리는 헌법을 어떻게 봐야 할까? 헌법의 한두 개 조항을 가져와서 자신의 주장을 뒷받침하는 수단으로 삼는 것은 무의미하다. 아니, 오히려 모르느니만 못하다. 내 권리가 침해당했을 때 헌법을 알아두어 나의 주장을 뒷받침하는 것. 그것이 헌법 읽기의 일차적인 목표인 것은 지금도 동일하다. 그러나 내 권리를 주장할 때 타인의 권리를 침해할 수 있음을 알아야 한다. 극단적인 문제에 맞닥뜨렸을 때 헌법을 읽어보자. 어떠한 갈등, 사회문제를 바라볼 때 각 측의 근거가 되는 헌법 내용 외에 다른 조항은 어떠한 것이 있는지, 절대 놓치지 않아야 할 근본적인 것은 무엇인지 볼 수 있어야 한다. 그러기 위해서 헌법을 전부 읽어야 하고, 마음으로 반복해 볼 필요가 있다. 헌법이 삶의 무기가 될 수 있느냐고? 자신만을 보호하기 위해 헌법이 존재하는 것이 아님을 알고 바라본다면 확실히 삶의 무기가 될지도.. 타인을 해치는 정당성을 확보하는 무기가 아니라, 소통하고 조율해나갈 수 있는 가능성의 무기 말이다.

당신의 권리는 상대방의 코앞까지만

이정현

미국 연방대법원 판사이자 위대한 법사상가로 꼽히는 올리버 웬들 홈스는 이렇게 말했다. "주먹을 휘두를 수 있는 권리는 상대방의 코앞에서 끝난다." 1918년 찰스 솅크의 1차 세계대전의 미국 참가 당시 징병 소집을 통보받은 젊은이들에게 전쟁을 나서지 말 것을 촉구하는 전단을 배포한 사건에 대해 유죄를 판정하며 한 말이다. 당시 미국은 수정헌법 제1조에서 언론의 자유를 명문화하였고 그 자유를 제한하는 것 자체가 굉장히 꺼려지는 시기였다. 홈스 본인도 자유주의자며 표현의 자유에 대해 전폭적인 지지를 보내는 사람이었다. 그런데도 솅크 사건에서 유죄판결을 내린 홈스는 판결문에서 '극장의 비유'라는 논거를 제시했다. 이는 극장에 불이 나지 않았는데 불이 났다고 소리쳐 사람들에게 공포감을 야기한 사람을 표현의 자유를 이유로 보호할 순 없다는 것이다. 또한 실질적으로 해악을 초래하거나 위험을 발생시킬 수 있는 상황인 "명백하고 임박한 위험"일 때는 표현의 자유가 제한될 수 있다는 원칙을 내세웠다. 이 원칙은 이후 영미법에서는 명확성의 원칙, 과잉 금지의 원칙 등과 함께 중요한 헌법 이론으로 자리 잡았다.

헌법에서 내 새우는 국민의 권리는 단순히 국가와 국민의 관계에 국한되지 않고 기본적인 인권에서 시작한다. 우리나라 헌법 제2장의 내용도 국민의 권리와 의무이며 2장의 첫 조항은 다음과 같다.

제10조 " 모든 국민은 인간으로서의 존엄과 가치를 가지며, 행복을 추구할 권리를 가진다. 국가는 개인이 가지는 불가침의 기본적 인권을 확인하고 이를 보장할 의무를 진다."

이처럼 인간으로서의 기본권에 대한 보장으로 시작하는 2장은 법 앞에서의 평등, 거주와 이전의 자유, 직업의 자유, 사생활의 자유, 종교의 자유 등 다양한 분야에 대한 국민 권리를 인정하고 보호하려 한다. 그러나 이러한 권리들은 상황에 따라 충돌하는 문제가 생긴다. 특히 최근 코로나 19로 인한 개인권 침해가 심각하다는 뉴스를 종종 보곤 한다. 사회적 거리두기와 영업시간 제한 정도를 권리침해로까지 생각하지는 않는 분위기지만 집회 금지와 같은 부분에서 문제가 발생한다. 종교 집회의 경우 종교의 자유를 헌법에서 보장하고 있다. 이를 정부에서 제한하자 종교 탄압이라고 목소리를 높이는 상황이 발생했다.

엠바고라는 제도가 있다. 이는 어떠한 내용에 대해 보도할 시기를 제한하여 유포하는 것을 말한다. 정부 기관 등에서 언론에 정보를 제공하고 그것을 일정 시간 이후에 보도해 달라고 요청하는 제도이며 우리나라에서는 소말리아 해적에게 피랍된 한국어선의 구출 작전 때 시행되어 유명하다. 구출 작전이 알려지게 되면 작전이 실패할 수 있어 구출이 끝난 후에야 언론에서 보도하였고, 엠바고를 지키지 않은 몇몇 언론은 징계하였다. 이 사건에서 볼 때 언론과 표현의 자유는 국민의 안전을 보장하기 위해 충분히 제한될 수 있으며 협의 가능한 사항인 듯하다.

지금의 코로나 19 상황도 마찬가지 아닐까? 종교의 자유라는 헌법적 근거는 종교를 선택하고 믿음을 가지는 자유를 뜻한다. 그것이 예배의 자유라던가 종교집회의 자유와는 조금 다르게 해석되어야 한다고 생각한다. 독일의 경우 종교의 자유보다 생명권이 앞선다고 판단하여 종교예배에 대한 제한이 위헌이 아니라 하였다. 대안적 예배방안과 개인의 예배공간을 확대하는 등의 방안을 함께 제시하며 종교활동에 대한 권리를 보장해 주려 노력하지만, 집회 등을 통한 종교활동은 개인의 생명권과 건강권을 상실하게 할 우려가 있다는 판단이다. 누군가의 권리가 다른 누군가의 권리를 해칠 수 있는 때에는 권리를 제한할 수 있다는 내용이다. 우리나라 헌법 제 37조 2항에서도 공공복리를 위해 필요한 경우에 한하여 법률로써 권리를 제한할 수 있다고 한다. 코로나 19와 같은 상황이 공공의 복리를 위해 개인의 권리를 제한하고 있다. 누구나 지금 상황에 답답함을 많이 느낄 것이다. 사람과 사람의 만남은 제한되고 일상적으로 누리던 권리들이 이렇게나 소중한 거라고 체감하는 시기이다. 종종 뉴스에서 종교 활동 등을 포함한 여러 활동에서 사회적 거리두기를 지키지 않은 몇몇 사람들의 뉴스가 나올 때 아마 대부분의 사람이 그들의 행동이 적절하지 못했다 할 것이다. 그들의 권리를 존중하지만, 행동에 대한 제약은 헌법적으로도 합당하기 때문이다. 내가 가진 권리가 아무리 소중하더라도 그것이 누군가를 해치게 되어서는 안 된다는 것이 바로 우리 모두가 동의하는 헌법정신이다.

미성년자가 판단능력이 떨어지나요?

최노멀

'모든 국민은 법률이 정하는 바에 의하여 선거권을 가진다.'
대한민국 헌법 제24조의 내용이다.

헌법에서는 '모든 국민'이라고 하였지만, 실제 우리가 행사하는 선거권은 조금 다르다. 대통령, 국회의원, 지방선거 등 주요 선거에서의 선거권은 만 18세 이상의 국민에게만 주어진다. 선거권의 행사 연령을 낮추기 위한 움직임은 계속되고 있지만, 선거연령의 감소로 인하여 손해를 보는 정당이 존재하기에 쉽사리 합의점이 생기지 않는다. 매 선거때마다 출구조사 등으로 드러나듯 연령대에 따른 정당 지지도에 큰 차이가 있기 때문이다.[12]

미성년자의 선거권을 제한해야 한다는 주요 근거 중 하나는 인격적으로 미성숙하고 적절한 판단, 인식능력이 없다는 것이다. 선거권 제한과는 조금 다른 이야기일 수도 있는데, 민법에서는 미성년자를 제한능력자로 구분하여 법률행위상 제한을 두고 있다. 제한능력자란 법률에서 어떤 행위의 당사자가 될 능력이 없는 사람을 뜻하는데, '자신의 행위의 의미나 결과를 판단할 수 있는 정상적인 정신 능력'인 의사능력이 없다고 보기 때문이다. 제한능력자가 법정대리인의 동의를 얻지 않고 한 법률행위는 후에 취소가 가능하게 하여 제한능력자를 보호하는 데 그 목적이 있다.

민법상에서 미성년자와 함께 제한능력자로 구분되는 이들이 있다. 피성년후견인과 피한정후견인이다. 피성년후견인은 '질병, 장애, 노령, 그 밖의 사유로 인한 정신적 제약으로 사무를 처리할 능력이 지속적으로 결여된 사람(민법 제9조)'이며, 피한정후견인은 '질병, 장애, 노령, 그 밖의 사유로 인한 정신적 제약으로 사무를 처리할 능력이 부족한 사람(민법 제12조)'으로 가정법원의 심판으로 인하여 여부가 결정된다.

그런데 피성년후견인과 피한정후견인은 미성년자와 달리 선거권을 가진다. 피성년후견인의 경우 최근까지 선거권이 없었지만 2020년 4월 15일 총선부터 선거권을 가지게 되었다.

성년후견인과 한정후견인을 통해 질병, 장애, 노령 등의 사유로 인한 제한능력자들의 후견인을 선임하는 성년휴견제도가 시행되기 전 한국에서는 이와 비슷한 금치산제도를 통해 제한능력자들을 보호했다. 그런데 이 금치산 선고를 받은 자는 공직선거법상 선거권이 없다. 2013년 성년후견제도가 민법에 도입되면서 종전 제도인 금치산제가 사라지게 되었는데, 이때 성년후견법 법 부칙에 '법 시행일로부터 5년이 경과한 때에는 종전의 금치산 또는 한정치산의 선고는 효력을 잃는다.'고 명시하였다. 피성년후견인 제도가 금치산자 제도의 연장이므로 피성년후견인 또한 선거권이 없어야 한다는 의견과 두 제도가 다른 제도이므로 피성년후견인의 선거권에 제한을 두어서는 안 된다는 의견이 충돌하였다. 서울시 선관위는 '2018년 7월 1일부터 금치산자(피성년후견인 포함)의 선거권은 공직선거법 제18조 1항에 의해 제한되지 아니함을 알려드린다.' 라고 하였다. 2013년 이전 금치산 선고를 받아 2013년 이후 피성년후견인으로 판단되던 이들이나, 2013년 이후 피성년후견인으로 선고된 이들이나 이제는 금치산자가 아니므로 선거권이 있다는 해석이다. 민법상 같은 제한능력자인 피한정후견인과 피성년후견인이 선거권을 가지는 것으로 보아 미성년자의 '의사능력'을 기준으로 선거권을 제한하는 것은 일관성이 없다.

글로벌적으로 많은 10대 리더들이 등장하고 있다. 홍콩의 조슈아 웡과 그의 학민사조 동료들, 스웨덴의 그레타 툰베리 등 많은 미성년 리더들이 등장했다. 아직도 현시대의 미성년자가 피성년후견인, 피한정후견인보다 정치적인 의사 판단을 하기에 미숙하다고 생각하는가?

1장 권리

누구나 차별하고, 차별 당하는

서우민

나와 내 가족도 언젠가 차별을 하거나 당할 수 있다.

국가인권위원회가 2020년 4월 전국 만 19세 이상 남녀 1,000명을 대상으로 조사한 결과 10명 중 9명이 위 문장에 동의했다. 인권위원회는 코로나 19의 세계적 확산 속에서 각국에서 발생하는 혐오와 차별 사례를 자주 접했던 것이 국민들의 차별 민감성을 높이는 계기가 되었다고 보았다.[13] 대한민국 대구에서 살고 있는 여자 청년인 나도 코로나 19를 겪으면서 국적, 종교, 지역, 직업 등을 기반으로 한 차별을 행하거나 접하고 있었다. 내가 행한 차별은 처음엔 중국에 대한 반감과 입국 거부, 그 뒤에는 신천지라는 종교, 더 뒤에는 기독교, 유흥업소 운영에 대한 혐오였다. 반면 내가 당했다고 생각하는 차별 중 큰 것은 대구라는 지역 혐오이다. 그 외에도 방역지침을 따르는 정도에 대한 혐오는 계속 복잡해지고 있다. 작년부터 우리는 누군가에게 계속해서 차별받고 있음을 호소하고 있다. 혐오를 행하는 주체는 나이기도, 타인이기도, 국가이기도 하다. 혐오가 다양해지고, 강해지고 있다. 요즘 청년들 인터뷰를 하고 있다.

"마음먹은 대로 된다는 가정하에 어떤 문제가 꼭 해결되었으면 하나요?"
"차별, 혐오가 없어지는 것이요."

몇 사람이 공통으로 말했다. 우리 삶은 언제나 차별이 있었지만 모든 종류의 차별이 없어졌으면 좋겠다고. 한 사람은 자신이 언제나 배제되고 차별받는 위치에 있었다고 했다. 유년 시절 거의 언제나 유별나고 특이하다는 이야기를 들어왔다고 했다. 그가 바라는 세상은 모든 비정상이 인정받는 것이었다. 그는 모든 이가 비정상이라 말한다. 우리가 정상이라 말하는 틀은 고정된 기준들을 가졌고, 그 기준 중 하나만 만족하지 못해도 어딘가 모자라고, 부족하며, 잘못되었다고 느낀다는 것이다. 그러나 사실 완벽한 정상이란 건 없다. 한편 인간의 역사는 차별의 패턴이 어떻게 바뀌는 지로 구분될 수 있다. 특정 차별이 개선되었느냐 여부가 사회운동의 목표이자 결과가 된다. 예를 들어 여성의 선거권, 흑인에 대한 차별적 행동, 이념에 따른 차별 등이 제도적, 사회적으로 바뀌는 순간을 마주하면서 우리는 사회가 바뀌고 있음을 느낀다.

헌법 11조에서는 모든 국민이 법 앞에 평등하다고 한다. 돈이 없거나, 장애가 있거나, 여성이거나, 어느 학교를 나왔거나, 성적 취향이 소수에 속하거나, 호감형 외모가 아니거나, 외국인이거나, 경제적으로 열악하거나, 그런 것에 상관없이 법적으로 평등해야 한다는 것이다. 다른 조항에서 말하는 인간의 존엄, 행복 추구권, 신체의 자유, 종교의 자유 등에서는 '법 앞에서'라는 말이 붙이지 않는다. 그런데 왜 평등에서는 이 단어를 붙일까. 차별 자체는 언제나 존재한다는 것을 인정한 것만 같다. 차별금지법도 유사한 문제를 가진다. 23가지 기준에 따라 고용, 교육, 서비스 등에서 차별받지 않아야 한다고 하지만 이 23가지 기준으로 인해 논란이 끊이지 않고 있다.

법이란 것은 이 법이 있어야만 지킬 수 있는 사람들의 권리가 있기 때문에 존재한다. 차별금지법도 이 법이 있어야만 잘못된 차별 행위가 줄어들 수 있다고 판단했기 때문에 제안되었을 것이다. 법이 있어야 좀 더 지켜지고, 규제할 수 있기 때문에 차별금지법으로 인해 절대 일어나지 않아야 할 차별을 막겠다는 의도인데 앞서 이야기한 것처럼 논란이 끊이지 않는다. 몇 년째 이 기준과 내용은 조정되면서 법안이 발의되지만 계속해서 통과되지 못하고 있었고, 이번에도 법은 통과되지 못하였다.

차별금지법의 차별 대상이 되어 본 적 있는 사람들이 이 법에 반대하는 사람을 만나면 어떤 기분일까? 차별이 자신에게 폭력이나 학대와 같았다면 마치 이런 이야기를 듣는 것과 같을 것이다.

"때리는 이유가 있기 때문에 때리는 건데 왜 가만히 있다가, 이제 와서 제재를 가하느냐. 이제 와서 때리면 벌금을 내 거나 법적으로 제재 받는 것은 우리의 때릴 권리를 침해하는 것이다."

차별을 행하는 이들에게는 거의 언제나 그만한 이유가 있고, 차별을 당하는 이들에게는 거의 모든 것이 급작스럽고, 이유 모를 폭력이다. 이 법에 명시되어 있지 않아서 제외되는 차별이 있지 않으냐는 우려도 있지만 '등'이라고 표현하여 앞으로 생겨날 차별을 아우르려 한다. 사실 생겨난다기보다 드러날 차별이 맞을지도. 인간은 언제나 차별을 만들어낸다. 나와 타인을 구분하는 걸 넘어서 내가 남보다 나으며, 그렇기에 나보다 못하다고 느껴지는 상대를 배제하며 나의 존재가 부각되길 바란다. 지금은 문제라고 인식하지 않는 구분들이 언젠가는 차별 이슈가 되어 떠오를지 모른다.

지금 헌법에서는 성별, 종교, 사회적 신분에 의하여 정치적 경제적 사회적 문화적 생활의 모든 영역에서 차별받지 않아야 한다고 한다. 문재인 정부 개정안에서는 장애, 연령, 인종, 지역이 추가되어 있다. 차별금지법에서 말하는 차별의 기준은 성별, 장애, 나이, 언어, 출신 국가, 출신 민족, 인종, 국적, 피부색, 출신 지역, 용모 등 신체조건, 혼인 여부, 임신 또는 출산, 가족 및 가구 형태와 상황, 종교, 사상 또는 정치적 의견, 형의 효력이 실효된 전과, 성적 지향, 성별 정체성, 학력, 고용 형태, 병력 또는 건강 상태, 사회적 신분 등이다. 헌법과 마찬가지로 정치적 경제적 사회적 문화적 생활의 모든 영역에서 차별을 금지 예방한다고 하면서, 고용, 재화·용역· 교육기관 및 직업훈련기관에서의 교육·훈련이나 이용, 행정서비스 등의 제공이나 이용에서 차별받지 않도록 세부 조항을 마련하고 있다. 사실 이런 조항에 기준이 특별히 명시되지 않았을 때야말로 차별이 사라졌다고 볼 수 있는 이상적 순간일 것이다. 그러나 우리는 차별하지 않는 방향을 지향해왔음에도 불구하고 더 많은 차별이 나타나는 사회에 살고 있다.

헌법 읽는 모임에서 차별금지법에 찬성하는 사람과 반대하는 사람을 각각 초대하여 간담회를 했다. 무지개인권연대라는 성 소수자 인권 운동가 배진교 님은 간담회를 시작하며 말했다. "이 법이 입법화되는 것에 대해 이렇게 고민해야 할 일인가 의문이 들어요." 어떤 이유로도 고용, 재화, 교육 등에서 차별받지 않아야 한다고 생각하면 굉장히 당연한 일인데 말이다. 23개 항목이 명시되어 있는 이유는 이 기준에 따른 각 영역에서의 차별이 강하기 때문에 있는 것뿐이라고. 이것만이 아니라 다른 이유로도 고용, 교육 등에서 차별을 받는다면 문제가 되는 것이다. 그런데 이 기준의 내용 때문에 반대하는 사람들을 보며 의문이 들었다고 한다. 반대 측은 사람들의 표현의 자유에 제약이 가해지고, 벌금 등을 통해 오히려 역차별을 받게 된다고 보았다. 계약의 자유도 침해당할 수 있다고. 동성애자와 에이즈 환자 등에 비용을 지원해주는 등 특혜를 주고 있다며 성적지향에 대해 사회적 합의가 이루어지기를 바란다고도 하였다. 찬성 측과 반대 측의 이야기를 들으면서 몇 가지 중요시하는 근거의 출처가 서로 다르며, 당연시하는 윤리개념의 차이가 커서 합의를 이루는 게 어려워 보였다.

근거의 다름과는 별개로 누가 누구를 배제하는 것에 정당함이란 것이 존재할 수 있을까 돌아본다. 미워할 수 있다. 미워하는 게 죄는 아니고, 처벌받을 이유도 없다. 그러나 그것이 어느 선을 넘어 혐오라는 단계로 올라갈 때 우리는 이 상황을 어떻게 바라봐야 할까. 드라마 보이스2에서는 혐오를 기반으로 살인을 저지르는 사람들이 나온다. 자기를 함부로 대한다는 이유로, 보기 싫다는 이유로 살인, 테러 등을 하는 스토리가 담겼는데, 극단적이지만 혐오가 사회적 관심 소재가 된 것을 드러내는 사례이다. 국가인권위원회에서 발간한 [혐오표현 리포트]에서는 혐오 표현이 가지는 세 가지 요소를 정리했다. ① 어떤 속성을 가진 특정 집단을 대상으로 하며, ② 특정 집단에 대한 부정적인 편견과 고정관념을 바탕으로 대상 집단이나 그 구성원을 모욕·비하·멸시·위협하거나 그에 대한 차별·폭력을 선정·선동하며, ③ 대상 집단에 대한 물리적 공격이 아닌 언어 등을 사용한 언동을 행한다는 것이다.[14]

범죄 이력이 있다는 이유로 계속해서 취업을 못 하게 된다면 이들에게 남은 선택권이 무엇인가. 국적이 다르다는 이유만으로 더 낮은 임금을 받는다면, 여성이라는 이유로 승진을 하지 못한다는 확신이 든다면? 합당한 자격을 갖추어 입학한 학교를 성별 정체성이 대다수 학생과 다르다는 이유로 그만두어야 하는 상황은? 코로나 19 확산이 국내에 시작되면서 많은 국민들이 두려움과 어려움을 겪었지만, 장애가 있거나, 국적이 다른 외국인은 꼭 필요한 정보(자막, 수어 서비스, 외국어로 된 재난 문자 등)를 적절하게 전달받지 못하거나, 사회서비스 제한으로 생활에 위협을 느끼거나, 내국인 중심 마스크 공급으로 마스크 확보 자체가 어려웠다. 이것은 차별이라기보다 상황적 한계로 인한 결과에 가까워 보인다. 그러나 자연스럽게 2순위 또는 그 밖의 순위로 배제될 수밖에 없었던 당사자들에게는 이것도 보이지 않는 차별이다. 그렇게 되기까지 국가는 개인을 내버려 두었고, 이는 법적인 근거가 부족해서이기도 하다. 11조를 다시 보자.

"모든 국민은 법 앞에 평등하다."
"누구든지 성별·종교 또는 사회적 신분에 의하여 정치적·경제적·사회적·문화적 생활의 모든 영역에 있어서 차별을 받지 아니한다."

우리가 바라는 세상은 사실 아래 문장들이 당연시되는 세상이 아니던가.

"모든 국민은 평등하다."
"누구든지 정치적·경제적·사회적·문화적 생활의 모든 영역에 있어서 차별을 받지 아니한다."

[내생에 첫 헌법]에서 작가 쏘피가 한 말이 눈에 띤다.

"모두가 차별받지 않고 평등하기 위해, 다 함께 행복하고 자유롭게 살기 위해, 100% 실현은 불가능할지라도 오늘보다 내일 더 나아진다면 충분히 실천하고 노력할만하다."

누구나 차별하고, 차별당하는 세상에 필요한 법은 무엇인가.

차별금지법을 읽어보고 이에 대한 생각을 서로 나누어 보는 것은 어떤가.

1장 권리

대한민국에 미치었습니까, 휴먼?
마주

'사람답게 살자.' 언제인지 생각나지 않지만 학창 시절 봤던 급훈 중 하나였다. 급식 시간에 고상하게 뛰어가 우아하게 밥을 먹으면서 사람답게 사는 것이 별거냐며 키득댔고, 동서남북에서 지방 방송이 육성으로 뻗어 나와 왁자지껄 오디오가 겹치는 쉬는 시간에도 비워진 의자를 붙이고 친히 몸을 눕혀 자는 친구를 보며 사람답게 산다고 박수를 보냈다. 우스갯소리였지만 밥을 먹고 잠만 잔다고 해서 사람답게 산다고 보는 사람은 없을 것이다.

제34조 1항 모든 국민은 인간다운 생활을 할 권리를 가진다.

제37조 1항 국민의 자유와 권리는 헌법에 열거되지 아니한 이유로 경시되지 아니한다. (중략) 제한하는 경우에도 자유와 권리의 본질적인 내용을 침해할 수 없다.

인간다운 삶에 관심이 많다. 인간으로서 해야 할 것을 하고 누릴 것을 누리며 품격있게 사는 삶. 참 행복하겠다. 나와 같아도 좋고 달라도 그 자체를 인정한다면? 참 자유롭겠다. 서로를 이해하고 이해받는 것. 인간이라서 가능하다.

행복은 무엇일까? 맛있는 음식을 먹으면 행복하고 예쁜 풍경을 보면 행복하다. 가족과 도란도란 이야기꽃을 피울 때 행복하고 친구와 관심사를 공유하며 함께 다니면 행복하다. 사소하고 일상적인 것에도 나는 행복함을 느낀다. 언젠가부터 목표를 세우고 하나씩 이뤄가는 것만이 행복의 전부가 아니라는 생각을 했다. 지금도 순간순간이 문득 행복해질 때가 있다. 책을 읽고 글을 쓰는 시간이 늘면서 내가 어떨 때 기분이 좋고 무엇을 할 때 기쁜지 헤아려 보았다. 나는 자유로울 때 행복한 편이다. 호기심과 상상력이 많은 편이지만 정황과 가능성으로 넘겨짚는 것은 지양하려 한다. 상식선에서 대화가 이루어지고 소통을 통해 상대가 이해될 때 마음이 편안해지면서 행복하다.

누구나 태어나면서부터 인간됨의 권리를 갖는다. 우리는 그것을 인권이라 부르며 국가는 기본적인 인권이 침범당하지 않게 보장하도록 되어 있다. 또한 인간이라면 마땅히 행복을 추구할 수 있다. 기본권은 누구도 침범할 수 없으며 이것 역시 보장해주어야 한다고 헌법은 말한다.

제10조 모든 국민은 인간으로서의 존엄과 가치를 가지며, 행복을 추구할 권리를 가진다. 국가는 개인이 가지는 불가침의 기본적 인권을 확인하고 이를 보장할 의무를 진다.
제11조 1항 모든 국민은 법 앞에 평등하다.
제12조 1항 모든 국민은 신체의 자유를 가진다.

먹을 것이 없어서 슈퍼에서 물건을 훔치다 걸렸음에도 살기 위해 또 훔치는 사람. 추위와 더위를 피하지 못하고 주변과 왕래하지 못한 채 독방에서 쓸쓸히 고독사하는 사람. 열심히 일했지만 돈을 받지 못하고 모아둔 돈마저 사기나 절도를 당해 당장 내일을 살아갈 힘을 내기 어려운 사람. 지구 반대편에는 오염된 줄 알면서도 식수로 쓸 수밖에 없는 사람이 있다. 과거가 아닌 현재진행형으로 일어나는 사연이라는 점이 기가 막힌다. 기본권을 보장받지 못하는 삶은 불행과 가까워질 가능성이 크다. 사람에게 최소한의 살 수 있는 권리를 지켜주기 위해서도 헌법이 있어야 하지 않을까. 때때로 눈을 감고 가만히 생각해본다. '더 잘 살고 싶다'라는 마음 위로 '꽤 살만하구나'라는 생각이 자리 한다. 일상의 소중함을 깨닫고 나니 날마다 한 가지 이상 행복하다. 행복하니 비교 대상이 없고 감사하다. 행복과 감사는 바늘과 실의 관계와 같나 보다.

제14조 모든 국민은 거주·이전의 자유를 가진다.
제15조 모든 국민은 직업선택의 자유를 가진다.

인간은 노동을 통해 역사를 만들고 문화와 문명을 창조해 왔다. 결국 문화의 발전도 인간의 자유로 말미암았다. 부루마불이란 게임을 떠올려보자. 세상이란 맵에 아이템은 여러 모양으로 널려있다. 황금열쇠 카드라고 좋은 일만 가져다주지 않는다. 사용자는 주사위를 던져 스스로 권리를 타당하게 찾을 수 있다. 통행료를 낼지 그곳을 구매할지, 선택은 오롯이 본인의 몫이다. 오늘날 우리는 인공지능이 사람과 대결하는 시대에 살고 있다. 난이도 차이는 있지만 인간은 결국 자신이 살 곳을 스스로 정하고, 하고 싶은 일을 스스로 택하고, 일함으로써 돈을 번다. 자유의지는 인간이 가지는 고유 권한이기 때문이다.

참된 자유는 무엇일까. 어떻게든 내 맘대로는 아닌 것 같다. 타인을 해치지 않으면서 자발적으로 선택하여 누리는 것이 본질에 가까워 보인다. 왠지 독립적이란 단어와 친하고 이기적이란 단어와 비슷한 속성일 것 같았는데 헌법을 보니 생각보다 포근하고 포용적이다. 자유로우면 여유롭다. 그 여유로움은 남을 대할 때나 상황을 마주할 때 따뜻해질 수 있게 한다. 실제로, 선행을 베푼 사람들이 서로 돕고 사는 자유를 누려보시라는 말을 하며 얼굴에 환한 미소를 지어 보인 경우를 꽤 보았다. 그럴 때면 미소에 담긴 자유로움을 나도 가지고자 노력하게 된다고나 할까.

제19조 모든 국민은 양심의 자유를 가진다.
제20조 1항 모든 국민은 종교의 자유를 가진다.
제21조 1항 모든 국민은 언론·출판의 자유와 집회·결사의 자유를 가진다.

헌법은 마음과 정신의 자유에 대해서도 열려있다. 사상이나 마음을 쏟는 것을 강요하지 않고 선택을 존중한다는 의미로 해석된다. 헌법 제19조와 20조에서 이러한 인간의 '자유'를 최대한 보장하고 존중하겠다는 강한 '의지'를 느낄 수 있었다.

또한 인간은 원하는 방법으로 자신의 의견을 표현하는 데에 막힘이 없다. 다만 사실이 아닌 것을 사실인 양 퍼트리는 것은 사람들을 미혹시키고 사회를 혼란하게 하는 행위이다. 온라인에서 떠도는 허위정보는 한눈에 봤을 때 '거짓

말'임을 알기 쉽지 않다. 일부는 사실이 곁들여져 있어서 사실과 구분하기 어려운 경우도 많다. 어떠한 경우이든 허위정보는 건강한 민주주의를 위협한다.[15]

세 사람이면 없던 호랑이도 만든다는 고사성어가 있다. 거짓말이라도 여러 사람이 말하면 진실로 믿기 쉽다는 뜻이다. 그 때문에 대한민국을 미치게 하는 허위조작정보에 모든 국민은 조심해야 한다. 정보를 제공하는 사람 못지않게 정보를 수용하는 사람 역시 예민해져야 한다. 뉴스를 접할 때 출처가 어디인지를 고려하고 중요하거나 논쟁적인 기사일수록 뉴스 전체를 읽고 판단해야 한다. 정보를 얻을 때 저자가 신뢰할 만한 사람인지, 지나간 소식을 최신 뉴스인 것처럼 배포한 것이 아닌지 확인하는 것이 도움이 된다.[16]

제23조 2항 (모든 국민의)재산권의 행사는 공공복리에 적합하도록 하여야 한다.

제31조 2항 모든 국민은 그 보호하는 자녀에게 적어도 초등교육과 법률이 정하는 교육을 받게 할 의무를 진다.

제32조 2항 모든 국민은 근로의 의무를 진다.

제35조 1항 (전략) 국가와 국민은 환경보전을 위하여 노력하여야 한다.

제38조 모든 국민은 법률이 정하는 바에 의하여 납세의 의무를 진다.

제39조 1항 모든 국민은 법률이 정하는 바에 의하여 국방의 의무를 진다.

국민 없는 국가는 없다. 그렇다면 국민이 국가를 위해 해야 할 것은 어떤 것일까. 대한민국 헌법은 나라와 국민이 서로 맞닿는, 영향을 주고 작용하는 '미침(match up to)'을 주문한다. 대한민국 국민이라면, 누구나 마땅히, 적어도 지켜야 할 여섯 가지 의무가 있다. 국민의 권리와 의무는 헌법이라는 사회적 합의를 통해 등가 교환이 이루어진다. 한쪽에만 힘이 실리면 더 무거운 쪽으로 기우는 시소처럼 엉덩방아를 찧고 만다. 서로 균형을 이룰 때에 국민이 주인이 되는 민주공화국, 국민에게서 나오는 권력을 가진 대한민국일 수 있다. 국민의 권리가 서로 충돌하면 헌법을 바탕으로 조정을 하고 조화를 이루게 된다. 그래서 법 없이 산다는 말은 있어도 헌법 없이 산다는 말은 없는 모양이다.

사람도 법도 현재를 살아간다. 개인의 노력과 국가의 노력으로 나라가 존립(存立)한다. 그것이야말로 헌법의 내용이자 목적이다. 따라서 우리는 헌법 정신으로 대한민국에 미쳐야 할 것이다.

국민의 5대 의무

이정현

내가 고등학교에 다닐 때는 사회과목에서 국민의 4대 의무라는 것을 배웠다. 국방과 근로, 납세와 교육을 말한다. 4대 의무의 내용은 모두 헌법에서 시작된다.

헌법 제31조는 교육, 제32조는 근로, 제38조는 납세, 마지막으로 제39조는 국방의 의무에 대해 명시하고 있다. 헌법에 명시하였기 때문에 모든 국민이 특수한 사항이 아닌 이상 의무적으로 지켜야 하며 4대 의무에 대해서 반대를 하는 경우는 드물다.

그런데 최근 고등학교 1학년 통합 사회 교과서에는 국민의 5대 의무를 다룬다. 바로 헌법 제 35조 국가와 국민은 환경을 보전하기 위해 노력해야 한다는 조항을 국민의 의무로 해석한 것이다. 처음에는 "왜?"라는 생각이 들었다. 4대 의무가 헌법에 있다는 것을 몰랐던 때에는 환경 보전의 의무가 헌법에 있을 거란 생각을 더더욱 하지 못했다. 환경 보전에 대한 사항이 헌법에 있는걸 알게 된 후에도 환경 보전을 왜 의무로 생각하는지에 대한 의문이 있었다.

그러나 최근 환경변화와 기후 위기를 직접 체감하면서 사실 가장 중요한 것이 바로 환경이 아니냐는 생각을 했다. 기후 이상 현상과 최악의 장마와 홍수 그리고 태풍 등은 사실 자연이 아니라 인간이 만들어 낸 산물이다. 어쩌면 수많은 동식물을 멸종시킨 인간은 이제 우리 자신도 멸종시켜버릴지 모른다.

이러한 위기의식이 교육과정에도 적용되었는지는 모르겠지만 2020년 고등학교 교육과정 내에 환경 보전을 국민의 의무사항으로 두는 방향성이 반갑지만 이미 늦은 건 아닐까 걱정이 되기도 한다.

헌법 제 35조에서는 국가와 국민이 함께 환경 보전에 대해 노력해야 한다고 한다. 기후 이상 현상에서 가장 중요하게 생각하고 있는 문제는 탄소배출로 인한 지구 온난화, 이상기후 현상이다. 자동차 등 개인이 배출하는 탄소도 문제지만 이것이 가장 많이 배출되는 경로는 석탄발전소 같은 탄소 에너지 산업이다.[17] 탄소 에너지 사업의 경우 우리나라뿐 아니라 전 세계적인 문제로, EU국가 대부분은 탄소 배출 0%를 위한 넷제로(NET- zero) 정책을 실현하고 있다.[18]

지구 평균 온도가 1.5도 이상 올라가게 되면 돌이킬 수 없는 기후변화가 오게 된다고 환경과학자들을 말한다.[19] 평균 온도를 높이는 것이 바로 탄소의 배출량과 관계가 있고 이렇게 되기까지 남은 탄소량을 탄소예산이라 부른다. 넷제로란 이러한 탄소 예산을 더 이상 쓰지 않는 탄소 중립 상태를 말한다. 그러기 위해서는 탄소배출을 기반으로 한 에너지산업을 탄소배출이 없는 재생에너지 산업으로 전환하는 등 매우 많은 산업의 변화가 필요하다.

우리나라의 경우 2015년 박근혜 정부 당시 파리기후변화협약 채택을 앞두고 온실가스 감축량을 밝혔지만, 목표치까지의 감축은 하지 못하였다. 이후 문재인 정부에서 2050년까지 넷제로 달성을 선언하였고 그린뉴딜로 새로운 일자리까지 만들어 내기 위한 계획을 발표하였다. 전국지방자치단체에서도 탄소 중립을 위한 실천연대를 발족하여 탄소 줄이기 운동에 동참하고 있다.[20]

개인의 실천적 행동으로는 텀블러 사용과 같은 플라스틱 줄이기 운동이 있으며 이미 널리 알려져 실천하고 있는 경우가 많다. 최근 연구 결과에서는 플라스틱보다 공장식 축산이 훨씬 많은 탄소를 배출하고 있고 전 세계 온실가스 배출량의 14%가 축산산업에 의해서 배출된다고 한다. 그래서 건강을 위한 채식뿐만 아니라 탄소배출을 줄이기 위한 운동의 일환으로 채식을 하자는 의견도 많은 추세이다. 식습관은 개인의 취향이지만 최소한 공장식 축산으로 인한 온실가스 배출이 환경에 어떠한 영향을 주는지에 대한 지식이 전달된 후 선택할 수 있는 환경이 마련되는 것이 바로 헌법 정신 아닐까?

환경 보전은 한 개인의 노력만으로는 이루어지기 힘들다. 또한 국가의 정책만으로 해결될 수도 없다. 국가는 환경 보전을 위한 제대로 된 정책을 만들어야 하고 이를 실현하기 위해서는 국민들의 협조가 필요하다. 그러한 이유로 5대 의무를 고등학교 교육과정에서 배운다는 것은 아주 반가운 일이다. 그러나 환경을 보전하고 지켜나가야 한다는 것을 학교 교육으로 배워야 할 만큼 문제가 커진 것에 대해 나부터 큰 책임감을 느낀다.

2장. 국회

서우민
정확한 비판을 하는가, 막연한 불신을 가지는가
최노멀
대리인 문제
이정현
누가 내 세금을 훔쳐갔나? 국회의 예결산 의결권
이은지
국회의원의 자격
마주
나라의 병을 고치는 의원 나리를 찾습니다!

정확한 비판을 하는가, 막연한 불신을 가지는가

서우민

총강, 국민의 권리와 의무, 국회, 정부, 법원,

헌법재판소, 선거관리, 지방자치, 경제, 헌법개정.

헌법의 순서이다. 국민 다음 나오는 것이 국회인데 정부, 사법부보다 국회가 먼저 있는 이유는 무엇일까? 제1조 2항(대한민국의 주권은 국민에게 있고, 모든 권력은 국민으로부터 나온다)에서 말하는 주권을 우리는 대부분 선거로 행사하고 있다. 그리고 선거를 통해 온전히 구성되는 국가기관이 국회다. 대통령도 투표로 뽑히지만, 행정부 전체를 선거로 구성하는 것은 아니다. 국가기관 중 국회만이 투표를 통해 전체 구성된다. 그래서 삼권분립 주체 중 국회가 가장 먼저 나온 것이라고 추측해본다.

「21대 국회, 사형제폐지 특별법 제정하라」, 오마이뉴스, 2020. 10. 11.
「결산안 처리 또 뒷전.. 法 안 지키는 국회」, 세계일보, 2020. 10. 11.
「21대 국회 첫 국감 '한 방' 없는 '맹탕'23분전」, 경향신문, 2020. 10. 11.

2020년 10월 11일 다음에서 '국회'를 검색한 결과 나온 기사 제목 들 몇 가지이다. 시기마다 이슈 되는 사건이 다른데 법을 만드는 일도 하는 것 같고, 예산안을 처리하며, 국정감사라는 것도 한다. 나의 경우 기사 제목이나 핫 이슈가 되는 뉴스 일부를 보며 국회에 대한 이미지를 쌓아갔다.

"그래서 국회가 하는 일이 뭐야?"라고 누군가 물으면(묻는 사람은 없지만) 나는 이렇게 대답했을 것이다.
"음..그러니까 그게 말이야.. 나는 사실 국회의원에 관심이 없어서.. 제대로 일을 해야지 맨날 욕하고 싸움하는 거 밖에 안 하는 것 같고.."

그들을 비판한다. 사실 혐오에 가깝다. 근거가 없으니까. 그들의 역할을 제대로 정리해본 적이 없었다. 그때그때 떠오르는 기사 이슈는 긍정적이지 않은 내용이 많아 건너뛰곤 한다. 좀 더 비판하려고 해도 정작 그들이 왜 존재하는지, 무슨 일을 하는 사람들인지를 모르고 있었다. 그저 막연한 불신만 가진 채 말이다. 그리고 나는 헌법 읽기를 하면서 '국회'가 무슨 일을 하는지 정리해 보게 되었다.

제40조 입법권은 국회에 속한다.

-〉 국회의원들은 법을 만든다. 수정도 하고, 없앨 수도 있다. 정부도 법안 발의를 할 수 있다는 내용을 보고 국회와 같은 권한이 있는가 착각할 수 있다. 그러나 정부는 국회에서 만든 법률 범위 안에서의 법, 예를 들어 대통령령을 만들 수 있다. 이 사실을 알면 청와대 국민청원에 어떤 법을 만들어 달라고 이야기하는 것이 효과적인 루트는 아니라는 것을 알 수 있다.

제54조 1항 국회는 국가의 예산안을 심의·확정한다.

-〉 정부가 건네는 예산안을 확정 짓는다. 국가 전체 예산에 대한 마지막 결정권이 국회에 있다는 것이고, 이것은 결국 정부가 국민들에게 최종 승인을 받는 것과 같은 의미다. 그러면 우리는 예산안을 다루는 국회의 태도에 관심을 가져야 한다. 우리를 대신하여서 하는 일이고, 나라 전체 살림이 결정되는 일이니까.

제55조 1항 한 회계연도를 넘어 계속하여 지출할 필요가 있을 때에는 정부는 연한을 정하여 계속비로서 국회의 의결을 얻어야 한다.

2항 예비비는 총액으로 국회의 의결을 얻어야 한다. 예비비의 지출은 차기 국회의 승인을 얻어야 한다.

-> 계속비, 예비비도 마찬가지로 국회 의결을 얻어야 진행할 수 있다. 하지만 예비비 사용 내용에 대한 결정은 정부가 한다. 예비비 지출을 한 뒤 차기 국회의 승인을 얻지 못하더라도 무효화 되지는 않는다. 국회가 코로나 대응을 위해 예산을 지출하는 정부를 비판하고 견제하는 기사들이 나오는 이유다. 국회에서 예비비 사용내용에 대해 맹렬히 비판하는 것이 정부에 대한 무조건적 비판인지, 합리적인 근거에 의한 비판인지 우리들이 파악하지 않는다면 어느 한쪽의 의견(평소 내가 지지하던 정당이 있다면 그쪽으로)에 휩쓸리기 쉽다.

제59조 조세의 종목과 세율은 법률로 정한다.

-> 국가 예산, 즉 조세를 어떻게 사용할 것인지에 대한 예산안은 정부가 만들지만, 조세의 종목과 세율은 법으로 정해져 있다. 조세의 기본적인 구조는 국회가 만들었다는 것이다. 세금 구조의 불합리함은 정부에 개선을 요구해야 한다고 생각했는데 조세 종목과 세율을 정하는 것은 국회였다! 세금 구조에 불합리함을 발견했다면 국회에 요구해야 하는 부분도 상당하다는 것을 알

아야 한다. 국회 책임은 국회에, 정부 책임은 정부에 물어야 비판한 보람이 있지 않겠는가.

제58조 국채를 모집하거나 예산외에 국가의 부담이 될 계약을 체결하려 할 때에는 정부는 미리 국회의 의결을 얻어야 한다.

-〉예산을 포함하여 국가에 부담이 되는 계약 체결 시 국회의 허락이 필요하다. 불합리한, 불필요한, 부당한 국채 모집이나 국가 부담 계약을 막을 수 있다는 말이다. 국회에서 의결하지 않으면 국내법적인 효력을 발휘할 수 없다 하니, 대통령이 독자적으로 불합리한 체결을 하려 할 때 국회가 어떤 태도를 취하는지 살펴볼 필요가 있다. 필요하다고 생각하는 체결에 대해서는 어떤 태도를 취하는지도 보자.

제60조 1항 국회는 상호원조 또는 안전보장에 관한 조약, 중요한 국제조직에 관한 조약, 우호통상항해조약, 주권의 제약에 관한 조약, 강화조약, 국가나 국민에게 중대한 재정적 부담을 지우는 조약 또는 입법사항에 관한 조약의 체결·비준에 대한 동의권을 가진다.
2항 국회는 선전포고, 국군의 외국에의 파견 또는 외국군대의 대한민국 영역안에서의 주류에 대한 동의권을 가진다.

-> 조약 체결, 전쟁 관련 결정도 대통령 혼자 결정하지는 못하도록 막을 수 있다. 효력이 없도록 동의하지 않을 수 있다. 대통령이든 국회든 제대로 된 대표를 한쪽에라도 잘 뽑아둔다면 불필요한 전쟁을 막을 수 있다는 것이다. 반대로 두 쪽 다 폭력적인 대표들이 우세하게 뽑힌다면 우리나라에도 전쟁이 있을 수 있다는 것을 기억하자.

제61조 1항 국회는 국정을 감사하거나 특정한 국정사안에 대하여 조사할 수 있으며, 이에 필요한 서류의 제출 또는 증인의 출석과 증언이나 의견의 진술을 요구할 수 있다.

-> 우리를 대표하여 정부, 그 외 국가기관이 제대로 일하는지에 대해 조사할 수 있다. 국정감사라는 말은 많이 들어봤지만 누가 어디까지 할 수 있는지에 대해서 헌법으로 확인해보는 건 처음이다. 국회는 국정을 감사할 때 필요한 서류 제출, 증인 출석 등을 요구할 수 있다. 국가기관들이 제대로 일을 하고 있는지에 대해서 전체적인 감시와 조사를 할 수 있는 권한은 국회와 감사원에 있다. 감사원은 정부 감사를 일 년 내 상시로 해야 할 주체가 필요하기 때문에 존재하는 독립기관이고, 국회는 우리를 전면적으로 대표하기 때문에 존재한다. 현재 1년에 한 번 진행되는 국정감사가 제대로 되고 있지 않다 느낀다면 왜 그런지, 어떤 변화가 필요한지 고민해볼 수 있다.

제63조 1항 국회는 국무총리 또는 국무위원의 해임을 대통령에게 건의할 수 있다.

제65조 1항 대통령·국무총리·국무위원·행정각부의 장·헌법재판소 재판관·법관·중앙선거관리위원회 위원·감사원장·감사위원 기타 법률이 정한 공무원이 그 직무집행에 있어서 헌법이나 법률을 위배한 때에는 국회는 탄핵의 소추를 의결할 수 있다.

-〉국무총리 등 대통령이 임명한 자에 대해서 해임을 건의할 수 있고, 법을 위반한 때에는 대통령을 포함하여 다양한 국가기관 대표자, 운영진 등을 탄핵소추 할 수 있다. 언론을 통해서 추측성 비판, 이슈화를 위한 비판만 하기보다는 제대로 된 법적 근거를 바탕으로 탄핵당하여야 할 인물들을 찾아내는 역할을 해야 한다.

국회에 관한 헌법 조항은 총 26개이고, 그중 9개 조항(1/3 정도)이 국회가 주로 하는 일을 알려주고 있다. 우리를 대표한다는 국회, 당신은 어떤 이미지를 가지고 있는가? 어떤 사람들로 인식하는가? 앞서 말한 것처럼 막연한 불신으로 욕만 하거나 무시하고 방치하기에는 이들의 역할이 너무 중요하다.

'OO 국회의원 막말 발언'

'OO 국회의원 사퇴 요구하지만 OOO'

'정당 싸움에 OO'

국회의원들은 무례하고 무식하게 막 나가는 사람들이 많으며, 개혁이 필요하다고 말할 때가 꽤 있었다. 누가 봐도 잘못하고 있는 것 같은 막말 발언, 합리적 근거 없는 정당 싸움이 계속되는데도 아무도 제재를 가하지 않는다는 것이 의아했다. 심지어 일하지 않는 것 같은데도 직위가 보전되는 국회의원들이 있다. 무엇 때문에 이러한 상황이 계속되는 걸까? 왜 이런 문제가 계속되는지 알아야 해결의 실마리도 찾을 수 있다. 국회에 대한 막연한 혐오를 끝내고 대안으로 나아가고 싶다면 헌법을 살펴보자. 이 현상들은 헌법에 명시된 국회의 권한과 연관 있다.

제44조 1항 국회의원은 현행범인인 경우를 제외하고는 회기중 국회의 동의없이 체포 또는 구금되지 아니한다.
2항 국회의원이 회기전에 체포 또는 구금된 때에는 현행범인이 아닌 한 국회의 요구가 있으면 회기중 석방된다.
-> 국회 회기(회의 기간에) 중에는 국회 동의 없이 수사할 수 없다. 국회의원들이 구속을 미루는 행동이 왜 가능한지 알게 된다. 이런 법은 왜 만들어서 국회의원들이 제대로 처벌도 못 받게 하는가 싶은 생각이 들었다. 하지만 민

주화 운동 당시를 보면 꼭 필요했던 법이다. 이 법이 없다면 국회 회기 중 특정 의원들을 억울하게(법을 어기지 않았는데도) 체포하여 수사기관에 가둔 뒤 엉뚱한 법을 통과시킬 수 있다. 이 조항이 없다면 지금도 그런 일은 언제든 있을 수 있다. 자신에게 유리하게 이용하는 국회의원들을 보면 열불이 나지만 이 법 자체가 필요한 것을 알겠다. 다만 악용 사례를 줄일 수 있는 추가적인 법은 없을지 고민해보면 좋겠다.

예시: 「정정순 체포, 사실상 무산…민주당서도 '방탄국회' 비판」, dongA.com, 2020. 10. 11.

제45조 국회의원은 국회에서 직무상 행한 발언과 표결에 관하여 국회외에서 책임을 지지 아니한다.

-> 막말 발언 이슈가 꼴 보기 싫었다면 이 조항을 없애고 싶은 충동이 생길 수 있다. 그러나 이 조항도 44조처럼 국회의원들이 부당한 권력에 맞서 꼭 필요한 말을 해야 할 때 이들을 보호해 준다. 악용될지언정 법의 필요가 절실했다.

제64조 1항 국회는 법률에 저촉되지 아니하는 범위 안에서 의사와 내부규율에 관한 규칙을 제정할 수 있다.

2항 국회는 의원의 자격을 심사하며, 의원을 징계할 수 있다.

3항 의원을 제명하려면 국회재적의원 3분의 2 이상의 찬성이 있어야 한다.

4항 제2항과 제3항의 처분에 대하여는 법원에 제소할 수 없다.

-〉 국회는 내부 합의로 제명이 가능하다. 국회는 국민들이 뽑은 대표들의 모임이기 때문에 정부 기관, 그 외 국가기관의 대표들을 탄핵 소추 할 수 있는 권한이 있다. 그러나 반대로 다른 주체가 국회의원을 제명, 탄핵소추 할 권한은 없다. 국회는 곧 국민이라는 대표성 때문이겠다. 정말 엉망진창인 국회의원이 뽑혔을 시 자격을 박탈할 권한이 필요한데 그 탄핵소추권을 정부나 사법부 등에 주기는 너무 위험하다. 그래서 국회의원들이 서로 의결하여 제명을 진행할 수 있도록 해둔 것으로 생각한다. 그런데 우리나라는 거대양당체제가 지속되어 왔기 때문에 이런 권한을 사용하기가 어렵다. 한 당이 잘못 여부와 상관없이 공격하면, 다른 정당도 가만히 있지 않을 테니 서로 쉬쉬할 가능성이 높다. 국회를 견제할 주체가 사실상 없다는 생각이 든다. 그래서 계속 거론되는 것이 국회의원 국민소환제 같은 것이다. 국민소환제란 선거로 선출, 임명한 국민의 대표나 공무원을 임기가 끝나기 전에 국민의 발의에 의하여 파면, 소환하는 제도이다.[21] 국회의원이 제대로 일하지 않을 때 파면할 수 있는 권한을 국민이 가지고 있는 것이 유일한 해답처럼 보인다.

헌법을 통해 국회가 하는 일, 가진 권한과 그 이유, 다른 주체들을 견제하는 방법 등을 알 수 있었다. 매우 기본적인 틀을 이해한 정도이지만 이제 국회 관련 기사를 보면 바로 넘겨버리기보다는 '아 이건 어떻게 처리할 것인가?'와 같은 궁금증이 조금 생긴다.

국회에 대한 막연한 불신은 법체계에 대한 불신, 사회에 대한 불신과 연결되고 내 삶이 불안해지는 데까지 영향을 미친다. 왜 저런 현상이 나오는 것인지, 그래서 어떤 대안들이 제안되고 있는지 관심의 방향을 돌리면 결국 내 삶도 대안 중심적으로 흘러가지 않을까? 막연한 불신에서 정확한 비판으로 나아가야 비로소 이 사회에 희망을 품을 수 있을 것이다. 사회 자체가 엉망진창인 것이 아니라고. 문제가 어떤 부분에 존재한다면 그 문제의 원인을 찾아 바꾸면 된다고. 그러면 더 나아질 것이라고. 국회를 이해하면서, 헌법을 읽으면서 현재와 미래에 대한 대안을 어디서, 어떤 관점으로 찾아가야 할지 알아가길 추천한다.

대리인 문제
최노멀

대리인 문제란 한 개인 또는 집단이 자신의 이해와 직결되는 일련의 의사결정 과정을 타인에게 위임할 때 정보의 불균형, 감시의 불완전성 등에 의해 발생하는 문제다. 일반적으로는 전문경영인이 기업가치의 극대화를 추구하지 않고 개인적인 목표를 달성하기 위해 경영하는 문제를 뜻한다. 정보의 불균형과 감시의 불완전성이 존재한다면 기업경영뿐만 아니라 국가경영에서도 대리인 문제는 발생한다.

4년마다 선거를 통해 선출되는 국회의원은 국민의 대리인으로 입법부인 국회를 구성한다. 입법뿐만 아니라 예산안 심의 등 국가의 다양한 의사결정에 직접적으로 참여함으로써 대한민국 국민들의 삶에 다양한 영향을 끼친다. 국민들이 직접 국가의 중요한 의사결정에 의결권을 행사하는 직접민주주의가 궁극적인 민주주의의 방향이다. 하지만 대부분 국가에서는 직접민주주의에 들어가는 시간과 비용의 문제, 사회의 복잡화로 인한 수많은 의사결정 주체들의 합의 진행 어려움 등의 현실적인 이유로 선거를 통해 소수의 대리인을 선출하는 대의민주주의의 형태로 민주주의가 실현되고 있다.

대의민주주의가 진행되기 때문에 국회의원들이 자신을 뽑아준 지지자들이 원하지 않는 방향으로 의결권을 행사하는 대리인 문제가 항상 존재한다. 다양한 이해관계가 존재하기 때문에 항상 내가 원하는 방향으로 의결권 행사가 이루어질 수는 없다. 그러나 국가이익을 위해서가 아니라 국회의원 사적이익을 위해 의결권을 행사한다는 느낌을 받을 때가 있다. 국회에서 대리인 문제가 발생하는 것이다. 「헌법」 제 46조에서는 국회의원이 그 직위와 관련하여 사적 이익을 취해서는 안 된다고 말한다.

제46조
① 국회의원은 청렴의 의무가 있다.
② 국회의원은 국가이익을 우선하여 양심에 따라 직무를 행한다.

③ 국회의원은 그 지위를 남용하여 국가·공공단체 또는 기업체와의 계약이나 그 처분에 의하여 재산상의 권리·이익 또는 직위를 취득하거나 타인을 위하여 그 취득을 알선할 수 없다.

국회의원이 지켜야 할 의무는 이야기했지만 해당 의무를 지키지 않을 때 어떻게 처리할지에 대한 내용은 헌법에 없다. 다만 헌법 제64조에서 국회의원의 제명에 대해서 다루고 있는데 그 내용은 다음과 같다.

제64조
① 국회는 법률에 저촉되지 아니하는 범위안에서 의사와 내부규율에 관한 규칙을 제정할 수 있다.
② 국회는 의원의 자격을 심사하며, 의원을 징계할 수 있다.
③ 의원을 제명하려면 국회재적의원 3분의 2 이상의 찬성이 있어야 한다.
④ 제2항과 제3항의 처분에 대하여는 법원에 제소할 수 없다.

대한민국 국회의원의 제명은 국민의 의결이 아닌 국회의원들의 의결에 의해 이루어지며, 3분의 2 이상의 찬성이 있어야 한다. 주주들의 적극적인 의결권 행사를 통해 문제가 있는 경영진을 조기에 교체시킬 수 있는 기업과 달리 국회의원의 제명은 국회의원들이 표결하여 이루어지는 형태를 띠고 있다. 국회의원을 선출한 국민들이 직접 투표권을 행사하는 방식이 아니라. 그렇다면 국회의원이 그 지위를 남용하는 것들을 서로 견제할까? 아니면 서로 눈감아 줄까?

21대 국회에서 열린민주당이 첫 번째로 발의한 법안은 '국회의원 국민소환제'이다. 국회의원이 헌법상 의무를 지키지 않았을 때나 대한민국 임시정부의 법통과 민주화 운동을 부정하는 발언을 했을 때 국민소환의 대상이 될 수 있도록 하는 내용을 담았다. 국회의 대리인 문제를 해결하기 위해서 '국민소환제' 같은 방법을 시행해야 한다는 것에 많은 이들이 공감하는 듯하다.

누가 내 세금을 훔쳐갔나? 국회의 예결산 의결권

이정현

국회의 중요한 기능이자 권한 중 하나는 헌법 제 54조에 따른 예결산 의결권이다. 예결산 의결이란 정부가 마련한 예산안을 심사하고 확정하는 예산의결과 이후 집행된 예산에 대한 확인과 검사를 하는 결산의결을 합친 말로 국가 예산에 대한 심의과정을 말한다. 예산담당 부서인 기획재정부에서는 모든 부처의 예산을 받아 당해년도의 예산안을 만들고, 예산안은 국무회의 심의 후 대통령 심의를 받아 국회로 제출된다. 제출된 예산안은 국회 각 상임위원회로 보내진다. 상임위원회에서 1차로 심의된 내용을 다시 국회 예산결산위원회에서 심의하고 확정한다. 예산을 심의한다는 것은 단순히 예산안의 세부항목이나 사업의 타당성만을 보는 것이 아니다. 국민을 대표해서 정부가 마련한 정책의 방향성에 대해 심의를 하고 행정부에 대한 견제 역할을 한다. 예산의 편성에 대해서는 정부가 하고 심의와 확정에 대해서는 국회에 맡기는 것으로 헌법에 명시되어 있다. 헌법 제 57조에서 국회는 정부의 동의 없이 함부로 예산을 편성하거나 금액을 증액 시킬 수는 없다고 되어있다. 그런데 국회의원들의 의정 홍보 활동을 지역구를 위해 예산을 얼마나 받아 왔다고 쓰는 경우를 보게 된다. 정부에게서 얼마의 예산을 받아 오겠다는 공약도 있다. 국회의원은 예산을 편성할 수도 없고 금액을 증가시킬 수도 없는데 현실은 그렇지 않다. 법을 만드는 국회가 헌법을 지키지 않고 있다는 것을 떠벌이고 있는 것인가?

실상은 이렇다. 국회의 예산심의 권한 중 가장 큰 권한이 예산에 대한 삭감이다. 세입과 세출을 맞추어야 하기에 삭감이 될 것으로 확정된 예산 금액은 그만큼 다른 부분으로 증액시켜야 한다. 예산심의 협상 과정 중 정부와 국회는 어떠한 부분을 증액시키거나 편성하면 어떠한 부분을 삭감시키지 않겠다는 협상을 하는 것이다. 예산심의 과정 중 생기는 잉여예산들은 예산결산위원회에서 어떻게 편성할지 결정한다. 이때 소위 말하는 쪽지 예산이 만들어진다. 예산결산위원회 소속 국회의원들은 남아 있는 예산들에 대한 사실상 결정권을 가지게 되고, 어떻게 편성 할건지에 대한 막강한 권한을 가진다. 이때 본인의 지역구에 대한 예산을 편성하거나 동료의원이나 행정부 등에 요구를 받아 예산을 편성한다. 이 과정에서 예산결산위원회 소속 국회의원들에게 급하게 쪽지에 예산을 적어서 보내는 행태에서 쪽지예산이라는 단어가 생겼다.[22]

이러한 예산들은 기획재정부의 예산안 편성을 할 때와 달리 편성에 대한 근거나 타당성 검토 등이 없다. 국회 상임위원회의 심의도 거치지 않으며 심지어 국회 속기록에도 남지 않는다. 일부 예산들이 국회 예산결산위원회의 권한만으로 편성되는 것이다. 이익을 얻게 된 지역구 주민 입장에서는 좋을 수도 있지만, 국가 예산의 방향성으로는 근거도, 절차도 합당하지 않으며 헌법에도 어긋난다. 편성되는 예산도 복지비용에서 삭감된 비용을 민원성 비용과 건설 SOC 사업 등에 쓰이니 지역구 관리를 위한 보여주기식 예산일 가능성이 크다.[23]

쪽지예산은 국회의원의 성적표처럼 홍보되고 심지어 선거공약으로 내걸기도 하는데 이는 분명 헌법정신에 어긋난다. 예결산 심의는 국민들의 세금을 제대로 관리하고 쓰이게 하는 중요한 업무이다. 이를 국회의원 개개인의 홍보를 위한 권한으로 이용해서는 안 된다. 이러한 행위를 멈춰야만 더 많은 국민들에게 지지받으리라 생각하고 그것이 헌법정신을 지키는 방법이다.

2장 국회

국회의원의 자격
이은지

    4·15총선 전, 친한 친구들과 카페에서 정치 이야기를 하던 중 한 친구가 다음과 같은 일이 있었다고 전해왔다. 자유한국당 나경원 의원의 지역구인 동작을에 청와대 대변인을 지낸 고민정 후보가 이수진 전 판사와 함께 출마 가능성이 검토되고 있는 상황에 한 국회의원이 고민정 후보에게 '그럴 급이 된다고 생각하느냐?'고 물었다고 한다. 뒤이어 친구는 자기 생각도 그 의원의 생각과 크게 다름이 없음을 전했고 '아나운서 하다가 대변인 하다가 이제는 정치까지 하려고 한다.'라고 하였다. 뉘앙스만 따지면 '개나 소나 정치를 하네!'라는 느낌이었다. 글쎄... 내 생각은 조금 달랐다. 소신만 있다면, 그 사람이 누구든, 현재 위치가 무엇이 되었든 정치에 참여할 수 있는 것이 민주주의 사회

아닌가? 매일 보는 런닝셔츠 차림의 평범한 옆집 아저씨도, 대학을 가지 않고 사회생활을 시작한 20대 여성도, 이제 막 대학을 졸업한 무경력 젊은이도 갑자기 정치에 뜻이 생긴다면, 현실적인 선출 여부를 떠나 참여 의사를 밝힐 수 있는 것이 진짜 정치라고 생각했다. 당선 후 당선자에 대한 자질을 평가하는 것과 선거도 하기 전 출마 자격에 대해 운운하는 것은 매우 다른 이야기라고 생각하기 때문이다.[24]

「헌법」 제 25조 '모든 국민은 법률이 정하는 바에 의하여 공무담임권을 가진다.' 여기서 '공무담임권'이란 국민이 국가기관의 구성원이 되어 공무를 담당할 수 있는 권리를 뜻한다.[25] 공무원 등 모든 공직에 임명될 수 있는 공직 취임권 뿐 아니라 여러 선거에 입후보해서 당선될 수 있는 피선거권을 포괄한다. 즉, 대한민국 국민이면 누구나 모든 국가기관의 공직에 취임할 수 있는 참정권을 가진다. 헌법은 법률에 정하는 바에 따라 입법, 사법, 행정 등 공적 직무를 국민이 수행할 수 있도록 보장한다. 이러한 피선거권에는 대통령, 국회의원, 지방자치단체장 및 의회의원 등이 있고 나이, 일정 기간 이상의 거주요건, 법으로 정한 결격 사유 외에는 달리 제한이 없다. 성별, 종교, 신분, 출신 등에 관계없이 일정 요건만 충족하면 누구나 선거에 출마할 수 있다. 헌법상 국회의원의 자격 사항은 없지만, 의무사항은 존재한다(제 46조).

국회의 정당성은 국민으로부터 나온다. 「헌법」 제 41조 '국회는 국민의 보통·평등·직접·비밀 선거에 의하여 선출된 국회의원으로 구성한다.' 국회는 국민이 선출한 의원들로 구성되어 국가의 주요 사항에 대한 의사결정을 내린다. 민주주의를 가능하게 하는 일반 원칙은 다수결의 원리이다. 주권자인 국민이 직접 국정을 담당할 수 있으면 좋겠지만, 현대국가에서는 이것이 현실적으로 어렵다. 즉, 직접 민주주의를 실천하는 것에 많은 어려움이 따르기 때문에 '선거'라는 제도적 장치를 통해 국민의 손으로 입법부를 구성할 국회의원을 선출한다. 헌법상 대통령을 포함한 정부보다 국회에 대한 내용이 먼저 서술되는 이유는 대통령과 국회 모두 국민으로부터 정당성을 얻지만, 국회는 국민을 대표하는 기관으로서 국민의 주권적 의사를 대변하는 기능을 하기 때문이다. 즉, 국회가 곧 국민이다.

한 기사에 따르면 21대 국회를 구성하는 국회의원의 스펙은 다음과 같다. 첫째, 평균 연령은 55세이다. 300명 중 177명이 50대로 절반이 넘는다. 20대는 단 2명에 불과하다. 둘째, 남녀 성비는 8:2로 남자가 압도적으로 많다. 셋째, 흔히 SKY로 지칭되는 명문대 출신은 3명 중 1명꼴로 103명을 차지한다. 넷째, 정치를 전문 직업으로 삼은 자가 77%로 무려 230명에 달한다.[26] 즉, 국회의 정체성을 단순화하면 'SKY 출신의 정치 외길만 걸어온 50대 남성'으로 바꿔 말할 수 있다. 지금의 국회는 다양한 국민의 목소리를 대변할 수 있을까? 지방대 출신의 취업이 고달픈 20대 여성인 나를 대변해 줄 수 있는 국회는 어디 있을까. 헌법상으로는 정치판에 뛰어들 수 있는 자유와 권리가 나에게도 주어진다. 내가 원하면 언제든지 지방대 출신의 취업이 고달픈 20대 여성을 대변하기 위해 선거에 출마할 수 있다. 그러나 현실의 나는 '지방대 졸업이 고작인데 그럴 급이 된다고 생각하느냐' 따위의 소리를 들을까 꿈도 꾸지 않는다. 대신 나를 대변해줄 인물이 국회에 등장하기만을 기다린다. 그러나 그런 사람은 단연코 짠- 하고 등장하지 않을 것도 안다. 정치와 거리가 생기는 길이 의외로 단순하다는 것을 다시 한 번 깨닫는다. 내 일이 아니라고 느껴지는 순간 심리적으로 더욱 멀어지게 된다.

집에 돌아와 해당 사건에 궁금증이 생겨 풀 영상을 찾아보았다. 고민정 후보는 해당 질문에 대해 다음과 같이 답했다. '청와대 대변인으로서 2년 7개월간의 경험이 경력이 되지 않는다면, 정치는 기존 정치인만 하라는 이야기인가? 정치의 문턱을 낮춰야 한다. 누구나 꿈꿀 수 있고 누구나 도전할 수 있어야 정치다. 판단은 국민의 몫이다.'[27] 이후, 고 후보는 이번 선거 최대 격전지 중 하나였던 광진을에서 서울시장 출신 오세훈과의 대결에서 2,740여 표 차로 당선되었다. 광진을 유권자는 그녀에게 국회의원의 자격을 부여해준 것이다.

2장 국회

나라의 병을 고치는 의원 나리를 찾습니다!
마주

−엄마, 국회의원은 무슨 병을 고치는 의원(醫員)이야?

−아가야, 국회의원은 나랏일에 대한 의결권을 가진 사람이란 뜻에서 의원(議員)이야.

나라가 병들었다. 코로나19로 마스크가 필수품이 되었다. 2020년 5월, 문재인 대통령이 포스트 코로나 대책으로 제시한 주요 국정 과제가 국회로 넘어왔다. 고용보험 확대와 비대면 의료서비스 지원, 의료 인력 확충, 질병관리본부의 청 승격 등이 모두 입법 사안이었다. 문 대통령이 3주년 연설에서 "전 국민 고용보험 시대의 기초를 놓겠다"라고 언급한 뒤 국회가 빠른 처리에 나섰다. 20대 국회에서 고용보험 확대 대상에 먼저 예술인의 고용보험 가입을 의무화하는 고용보험법 개정안을 여야가 합의, 국회 환경노동위원회 문턱을 넘었다.[28] 이어지는 21대 국회에서는 한국판 뉴딜을 통해 고용 안전망을 강화하고 일하는 모든 국민이 고용보험에 가입할 수 있도록 법을 만들고 정책을 시행하기로 했다.[29]

국회의원은 국민을 대표하여 국정을 심의하며 의결권을 가진다. 의결권이란 '의논하여 결정하는 것', 다시 말해 어떤 집단의 결의에 참가하여 의사를 표명할 수 있는 권리를 뜻한다. 그리고 헌법 제40조에 서술된 입법권, 즉 법을 제정하는 권리가 있다. 지난 2020년 4월 15일, 21대 국회의원 선거를 통해 총 300명이 이 권리를 가지게 되었다. 여기서 말한 300명(석)은 헌법 제41조 2항에 근거, 제20회 총선을 앞두고 여야는 총 의석수 300석을 유지하되 지역구 253석·비례대표 47석으로 변경하는 데 합의하였고[30] 21대 국회의원 선거에서 적용되었다.

21대 국회는 2020년 9월 1일 개정 후, 48일이나 늦은 최장 지각 개원이라는 불명예를 안았다. 21대 국회가 지난 5월 30일 임기를 시작했지만, 법제사

---

* 문화예술인의 안정적인 삶을 지원하고 예술 창작 활동의 기반을 제공하기 위해 시행하며, 수입이 불규칙하고 실업 상태를 반복하는 등 고용 안전망 사각지대에 있던 이들에게 실업급여와 출산 전후급여 등을 준다.

법위원회 등 상임위원회 배분을 놓고 여야가 극심한 갈등을 겪으며 국회 개원식이 자꾸 미뤄졌다. 1987년 민주화 이후 처음으로 민주당이 18개 상임위원장을 독식하면서 여야 협치는 물 건너가게 되었다는 소리도 나왔다. 그 사이 대통령은 개원 연설문을 9번이나 고쳐 써야 했다. 국회 개원 지연에 비판의 목소리가 커졌고 청와대 대변인은 개원 축하가 쉬운 일이 아니라는 생각을 한다는 소회까지 밝혔다.[31]

헌법 제48조에 따르면 국회는 의장 1인과 부의장 2인을 선출할 수 있다. 반가운 일이 일어났다. 73년 헌정사상 최초로 여성 국회부의장이 탄생한 것이다. 대통령의 포스트 코로나 대책 입법 사안 처리는 남녀 상생의 길조까지 더해져 순탄하게 이루어질 것으로 보였다. 이를 위해서는 300명의 국회의원이 국회의사당에 모여 논의하는 과정이 필요하다. 그러나 21대 국회는 수개월째 공석인 야당 몫 국회부의장직을 채우려는 시도가 '올스톱'되었다. 이를 위해서는 18개 상임위원장직 분배를 원점에서 시작하는 원 구성 협상 재개라는 선결조건이 붙는데, 여야 모두 이를 외면하고 있다.[32] 2020년 연말에는 이른바 추-윤(추미애·윤석열) 갈등과 고위공직자범죄수사처(공수처) 이후 검찰개혁 정치 국면이, 2021년 들어서는 헌정사상 첫 법관 탄핵소추와 북한 원전 건설 문건 등으로 여야 관계에 계속해서 찬바람이 불고 있다. 국회는 2021년에 있을 주요 선거가 마무리되면 국회의장과 부의장의 임기가 절반이 지나게 됨을 알아두어야 할 것이다. 대한민국 국회 누리집 국회부의장 소개란에 비워진 우측 프로필이 이른 시일 내에 원만히 채워지기를 바란다.

포스트 코로나 대책 입법 사안 중 일부는 의결이 완료되었다. 헌법 제53조 1항 내용처럼 국회에서 의결된 법률안은 정부에 이송되어 15일 이내에 대통령이 공포하였다. 내가 하는 일과 관련이 깊은 예술인 고용보험제도는 2020년 12월 10일부터 적용되었고, 특수형태근로종사자(특고) 역시 고용보험에 가입할 수 있게 하는 고용보험법 개정안이 국회 본회의에서 통과되었다. 이제 법이 정책으로 실현되어 국민의 삶을 낫게 하는 일이 남았다.

유례없는 코로나19와 장마에 지난해 국회는 4차례나 추가경정예산(추경)을 편성했다. 한 해 네 번의 추경이 이뤄진 건 1961년 이후 59년 만의 일이다. 헌법 제56조 내용과 같이 정부는 예산에 변경을 가할 필요가 있을 때 추가경정예산안을 편성하여 국회에 제출할 수 있다. '추경'이란 말이 등장한 헌법 제6호(5차 개헌) 이후 처음 있는 일이었다. 특히 총선을 앞두고 여야는 2차 추경을 통해 건국 이래 처음 전 국민 재난지원금 지급을 결정했고, 이에 따라 코로나 19의 3차 확산으로 피해를 본 소상공인과 특수형태근로자(특고)·프리랜서 등 고용 취약계층에 대한 지원 절차를 시행, 국회의 동의를 얻은 정부는 2021

년 1월 내에 지급을 마치겠다고 했다. 국회와 정부의 안정적인 호흡으로 빠르게 진행되고 있다고 생각한다. 훗날 국민이 손뼉을 치는 사례가 되지 않을까? 개원 1년 차인 21대 국회, 의원들이 나랏일을 하면서 남긴 기록들은 여러모로 현재 진행형이다.

아픈 사람이 늘어나면서 사회 이곳저곳에서 외치는 목소리가 커진다. 나 역시 전 세계가 병마와 싸우는 와중 녹록지 않은 생활에 앓는 소리를 하게 된다. 일감이 많은 건 고사하고 있던 일도 사라지는 예술인이다. 거기에 또한 1인 사업체를 운영 중이지만 소득이 꾸준히 있는 것도, 매출액이 큰 것도 아닌데, 프리랜서로든 소상공인으로든 정부와 지자체에서 시행된 지원금 지급 대상에 해당된 적이 단 한 번도 없다. 내가 복지 사각지대에 있나 보다. 개인사업자 고용보험도 있던데 그럼 중복 가입이 되는 건지도 해결하고 싶은 의문이다. 예술인 고용보험제도는 분명 환영할만한 제도지만, 이해하고 체감하기까지는 아직 알아가야 할 것이 많다. 적용 대상 예술인과 분야를 선별적으로 지정해 예술인복지법상 일부 직군이 빠지는 등 불완전한 요소도 있으며, 아직도 많은 예술단체와 예술가들이 구두 계약에 의존해 불안정한 예술 활동 관행에 직면해 있는 점도 문제다.[33] 동료들과 함께 일할 때 그들을 모두 고용보험에 가입해주어야 하는지, 가입에 해당하는 경우는 어떤 때이며 얼마만큼 해야 하는지, 내가 다른 사람 명의의 문화 사업이나 창작 활동에 참여하는 형태일 경우에는 어떻게 되는지 등 해소할 궁금증은 남아있다. 계속 정책을 확인하고 뉴스를 찾아보며, 쉽게 해설해줄 기관 누리집을 자주 들어가 보곤 한다.

알아도 놓쳐서 배가 아프게 되고, 몰라서 못 하여 무릎을 치게 되는 병이 나지 않게끔 좀 더 친절하고 가까운 의원을 만났으면 한다. 무엇보다도 '나는 무슨 상황에 해당하는가? 그렇다면 어떻게 해야 하는가?'와 같은 질문에 대한 답변은 쉽고 시원하게 들을 수 있으면 좋겠다. 실제 수입과 비교해 과납된 건강보험료의 반환을 위해 해촉 사실을 증명하는 문서 발급에 대한 불편함에 대해서 국회 상임위원회 위원들과도 이야기 나누고 싶다.

지역구 주민이 정말 필요로 한 것은 무엇이며 어떤 점이 애로사항인지 알 수 있는 공청회 자리는 언제 어디서 일어나는 것일까? 비대면이든 대면이든 속 시원하게 그리고 직접 국회의원과 얘기를 나눌 방법이 있다면 꼭 참석하고 싶다. 모두가 힘든 시기, 지혜와 힘을 모아 이겨내기를 바란다.

'멍든 가슴을 안고 사는 국민을 섬길 의원님을 찾습니다.'

3장. 정부

이정현
헌법이 만든 제왕적 대통령
최노멀
나에게 낯선 국무위원
마주
나 때는 말이야.(What I am saying)
서우민
공무원의 의무
서우민
견제 장치가 숨어있다.

3장 정부

헌법이 만든 제왕적 대통령
이정현

헌법 제66조 1항 "대통령은 국가의 원수이며, 외국에 대하여 국가를 대표한다."

2020년 7월 23일 열린 이인영 통일부 장관 후보자 인사청문회에서는 대한민국의 국부가 이슈로 떠올랐다. 이승만 정부는 유엔에서 인정한 합법 정부이고, 이승만 대통령이 대한민국 초대 대통령이자 건국 대통령이라는 것에 동의하냐는 질문에 이인영 후보자의 대답은 선거로 선출한 정부이기에 괴뢰정권으로 보기에는 거리가 멀지만, 국부는 이승만 대통령이 아니라 김구 선생이라 생각한다고 하였다. 누군가에게는 국부가 이승만 대통령일 수 있고 누군가에게는 김구 선생일 수 있다. 그러나 이러한 논쟁을 떠나 생각해 보자. 민주공화국인 대한민국에서 국부라는 개념이 존재할 수 있는가? 국부란 국가의 아버지라는 뜻이다. 물론 건국의 아버지라는 의미에서 국부라고 표현되기도 하지만 건국이라는 표현이 대한민국 수립과정에서 적합한 것인지 모르겠다.

일제강점기 시대는 여전히 왕이 존재하던 군주제 국가였다 2차 세계대전 일본의 패전으로 식민지에서 벗어난 대한민국은 구소련과 미국에 의해 38선을 기준으로 양분되고, 3년간 통치되면서 독립국으로서의 과정을 거친다. 이후 UN은 선거가 능 지역부터 총선거를 실시하도록 하고 남한은 제헌국회를 구성하게 되었다. 이때 만들어진 최초의 헌법에서 대한민국은 민주공화국임을 밝히고 모든 권력은 국민에게서부터 나온다고 말한다. 이후 선거로 당선된 이승만 대통령은 대한민국 정부 수립 이후 초대 대통령이라는 것은 분명하다. 하지만 건국의 대통령 혹은 건국의 아버지라고 말하기에는 대한민국 역사와 헌법에 어울리지 않는 것 같다.

헌법에서는 대통령을 국가의 원수(元首)라 표현한다. 국가를 통치하는 왕이나 황제를 의미하며 으뜸원에 머릿수 자를 쓴다. 이는 군내 최고 지휘자라는 의미로 쓰여 장수 수자의 한자를 쓰는 원수(元帥)와는 한자어 뜻이 다르지만, 대통령은 두 가지 모두에 해당한다. 입헌군주제 국가의 왕은 원수라는 표현이 맞을지는 모르나 국민이 직접 대표를 선출하는 대통령제와 의원내각제의 경우 국정운영과 외교로서의 대표자 역할을 대통령과 총리가 하지만 왕과 같은 의미로 보기는 힘들다. 원수라는 단어는 국정운영자에게 당연히 부여되는 직책이 아니며 국가별 정치제도에 따라 다르게 적용된다.

제왕적 권력을 지닌 대통령이라는 말은 어쩌면 헌법 제66조에서 시작된 것은 아닐까? 헌법에서 국가원수인 대통령은 국정 운영자나 국민 권력의 대리자로서의 대통령이 아니라 왕 혹은 국부라는 개념으로서 대통령이 존재하고 있는 것이다.

대한민국은 역사적으로 1,000여 년 동안이나 한 민족 국가였으며 군주제를 바탕으로 한 유교 국가였다. 그로 인해 통치자는 왕이라는 인식이 오랫동안 축적되었고 이러한 역사적 기반이 대한민국 민주주의 제도에 영향을 끼친 것이 아닐까 생각한다. 그러나 이제는 대통령을 왕으로 표현하는 방식은 바뀌어야 할 때이다. 길었던 군부독재 시절 유신헌법에서는 대통령의 권한을 대폭 확대하여 영도적 국가원수라는 칭호로 불렸다. 국민투쟁의 결과로 민주적 절차로서 대통령을 선출하는 시대가 왔고 선출될 인물이라도 부정을 저지르면 국민들에게 탄핵이 되는 시대에 이르렀다. 우리는 대한민국에서 진정한 권력자가 국민이라는 것을 확인하고 있다. 국부, 건국의 아버지, 국가원수라는 칭호를 받는 대통령이 아니라 국민으로부터 부여받은 국가권력으로 국정운영과 외교업무 등을 수행하는 대통령 시대로 나아가야 한다.

다행히 문재인 정부 헌법 개정안에는 원수라는 단어는 삭제되어 있다. 당장 헌법 개정은 힘들게 되었지만, 개정을 할 시기가 오면 대통령이 국가의 원수라는 문구는 삭제되길 바라며 삭제되는 대통령의 권한이 오롯이 국민에게 전달되기를 바란다.

3장 정부

나에게 낯선 국무위원

최노멀

「헌법」제86조와 제87조는 국무총리와 국무위원에 대해서 다룬다.

제86조

① 국무총리는 국회의 동의를 얻어 대통령이 임명한다.

② 국무총리는 대통령을 보좌하며, 행정에 관하여 대통령의 명을 받아 행정각부를 통할한다.

③ 군인은 현역을 면한 후가 아니면 국무총리로 임명될 수 없다.

제87조

① 국무위원은 국무총리의 제청으로 대통령이 임명한다.

② 국무위원은 국정에 관하여 대통령을 보좌하며, 국무회의의 구성원으로서 국정을 심의한다.

③ 국무총리는 국무위원의 해임을 대통령에게 건의할 수 있다.

④ 군인은 현역을 면한 후가 아니면 국무위원으로 임명될 수 없다.

국무총리가 추천하고, 대통령이 임명할 정도면 엄청나게 중요한 자리임이 분명하다. 하지만, 국무위원이라는 단어를 일상생활이나 언론에서 자주 접하진 못해서 어떤 사람들이 국무위원인지, 어떤 일을 하고 있는지 언뜻 알기 힘든 부분이 있다. 국무위원이 하는 일은 무엇인지, 어떤 사람들이 국무위원으로 선출되는지 알아보자.

국무위원은 정부의 주요 정책을 심의하는 '국무회의'에 참석하는 사람들을 말한다. 그래서 '국무회의'는 대통령과 국무총리 그리고 15~30인의 국무위원으로 구성된다. 대통령이 의장이며 국무총리는 부의장이다. 다음은 국무회의에서 심의를 거쳐야 한다고 정한 사항들이다.

제89조

다음 사항은 국무회의의 심의를 거쳐야 한다.

1. 국정의 기본계획과 정부의 일반정책

2. 선전·강화 기타 중요한 대외정책

3. 헌법개정안·국민투표안·조약안·법률안 및 대통령령안

4. 예산안·결산·국유재산처분의 기본계획·국가의 부담이 될 계약 기타 재정에 관한 중요사항

5. 대통령의 긴급명령·긴급재정경제처분 및 명령 또는 계엄과 그 해제

6. 군사에 관한 중요사항

7. 국회의 임시회 집회의 요구

8. 영전수여

9. 사면·감형과 복권

10. 행정각부간의 권한의 획정

11. 정부안의 권한의 위임 또는 배정에 관한 기본계획

12. 국정처리상황의 평가·분석

13. 행정각부의 중요한 정책의 수립과 조정

14. 정당해산의 제소

15. 정부에 제출 또는 회부된 정부의 정책에 관계되는 청원의 심사

16. 검찰총장·합동참모의장·각군참모총장·국립대학교총장·대사 기타 법률이 정한
공무원과 국영기업체관리자의 임명
17. 기타 대통령·국무총리 또는 국무위원이 제출한 사항

보는 바와 같이 국무회의는 국정에 관한 중요한 정책을 심의한다. 단, 국무회의의 목적은 심의일 뿐 결정은 모두 행정수반인 대통령이 내린다. 국무회의가 너무나 많은 사항을 다루도록 「헌법」에서 명시하고 있기 때문에 대부분의 안건이 형식적으로만 다루어질 수 있다는 한계도 존재한다.

국무위원이 하는 일은 알았으니 어떤 사람들이 국무위원으로 선출되는지 살펴보자. 국무위원은 행정 각부의 장관들과 장관 이외의 자들로 구성된다. 하지만 특별한 경우를 제외하고서는 장관 이외의 국무위원이 선출되는 경우는 없는 듯하다. 현행 개정헌법이 시행된 1988년 노태우 정권 이후로 국무위원은 모두 장관으로만 구성되었다.[34] 특별한 일이 없다면 국무위원이란 행정 각부의 장관들이라고 봐도 무방할 것이다.

국무회의가 다루는 사안은 국가 중요 사안이기 때문에 많은 이슈 거리가 될 수 있다. 그러나 우리가 언론 등을 통해 국무회의나 국무위원들에 대한 내용을 접하기는 쉽지 않다. 추측하건대, 국무회의가 다뤄야 한다고 명시한 항목들이 너무도 많아 형식적인 회의가 이루어질 수밖에 없는 현실적인 한계가 있을 것이다. 영전수여나 사면과 같은 사안까지 국무위원들이 매번 회의하여 결론을 내리는 것은 현실적으로 불가능할 것이다. 현실적인 국무회의의 심의대상 선정이 이루어지지 않는다면 국무회의는 계속해서 중요하지 않은 것으로 치부되고, 국민들에게 국무회의와 국무위원이란 단어는 계속해서 어색하게만 느껴질 것이다.

나 때는 말이야.(What I am saying)
마주

반에서 대통령이 꿈이라는 친구가 1명쯤 있었던 시절이 있었다. 학년이 올라가면서 그 친구의 경쟁자는 또 생겨났고 그럴 땐 누가 누가 (공부와 교우 관계를 포함한 학교생활을) 잘하나에 관심을 가졌다. 마침내 전교 회장으로 선출된 아이가 대통령이 되는 길에 한 발짝 가까이 간 것 같았다. 많은 초등학생이 장래 희망으로 대통령을 꼽던 시절, 1980년대는 그랬다.[35] 2012년, 한 예능 프로그램에서 '초등학생 장래 희망 1위는 무엇일까요?'라는 문제가 출제되었고 정답은 공무원이었다.[36] 새 학년을 맞이하는 아이들에게 어떤 꿈을 꾸고 있는지 물어보자, 공무원, 건물주, 고소득 전문직 등 다양한 장래 희망이 등장했다. 빌딩이나 땅 주인이 왜 되고 싶냐는 질문에는 '돈을 잘 벌 수 있고, 나중에 살기도 편하니까', 변호사나 검사를 희망하는 이유에 대해서는 '먹고 살기 편하기 위해서', 의사가 되고 싶은 이유로는 '돈을 많이, 잘 벌 수 있어서'라고 답한다. 2016년 초등학교 3학년 학생들의 이야기다.[37] 여러 이유로 공무원의 인기는 이어지고 있다.

기성 세대와 밀레니얼 세대가 공존하는 2021년 현재, "나 때는 말이야."의 언어유희 표현으로 '라떼는 말이야(Latte is horse)'라는 신조어가 있다. 대한민국 헌법 가운데 제4장 정부 제1절 대통령 부분을 나는 이랬으면 해, 하는 마음을 담아 나대로의 말(H. O. R. S. E.)로 표현해본다.[*]

Hear 1. (들려오는 소리를) 듣다, (귀에) 들리다 2. (주의를 기울여) 듣다

헌법 제69조에 따르면 대통령은 취임에 즈음하여 다음의 선서를 한다. "나는 헌법을 준수하고 국가를 보위하며 조국의 평화적 통일과 국민의 자유와 복리의 증진 및 민족문화의 창달에 노력하여 대통령으로서의 직책을 성실히 수행할 것을 국민 앞에 엄숙히 선서합니다." 선서문을 낭독하는 과정은 글을 보고 말하고 최후에는 본인의 귀로 듣는 것이 되겠다. 선서란 다수 앞에서 맹세하는 과정으로, 대통령으로서 직책을 성실히 수행할 것을 다짐하고 또 스스로

---

* 각 영단어의 뜻풀이는 『옥스포드 영한사전』을 참고했다.

듣게 된다. 그뿐만 아니라 대통령은 국민의 소리를 주의를 기울여 들어야 할 책임이 있다. 대통령은 국가의 원수이며, 외국에 대하여 국가를 대표하기 때문이다(헌법 제66조 1항).

Overcome 1. 극복하다 2. (남을) 이기다

　헌법 제76조 1항을 보면 대통령은 내우·외환·천재·지변 또는 중대한 재정·경제상의 위기에 있어서 국가의 안전보장 또는 공공의 안녕질서를 유지하여야 함을 가리키고 있다. 우리나라는 코로나19라는 국가적 위기를 극복하기 위해 어떤 노력을 하고 있을까? 헌법 제66조 4항에서 보듯 행정권은 대통령을 수반으로 하는 정부에 속한다. 정부는 이 글을 쓰는 현재 소상공인 버팀목 자금과 특고·프리랜서에게 지급하는 3차 긴급고용안정지원금도 지급하기 시작했다. 나라 내부적으로 중대한 위기를 겪고 있음을 통감하고 여러 방면으로 국민의 안녕을 위해 정책을 내놓는 것으로 해석된다. 부디 대한민국 대통령이 헌법과 같이 최고의 선택을 위해 최선을 다하는 국가 원수라고 평가받았으면 한다.

Retain 1. (계속) 유지[보유]하다 (=preserve) 2. (계속) 함유[간직]하다

　2017년 5월 10일, 대한민국 제19대 대통령의 공식 임기가 시작됐다. 헌법

제74조 1항에서 규정한 대통령의 임무와 역할에 따라 문재인 대통령은 국군통수권자로서 이순진 합참의장과 통화를 하고 전방의 경계태세를 점검하며 첫 직무를 시작했다. 또한, 헌법 제66조 3항에 근거, 조국의 평화적 통일을 위해 타국과의 외교적 관계를 성실하게 유지하기 위해 2018년 4월 27일 판문점에서 남한(문재인 대통령)과 북한(김정은 국무위원장, 현 조선노동당 총비서)은 우리 민족의 운명은 우리 스스로 결정한다는 민족 자주의 원칙을 확인하였음을 선언했다.[38] 또한, 남과 북은 비무장지대를 비롯한 대치지역에서의 군사적 적대관계 종식을 한반도 전 지역에서의 실질적인 전쟁위험 제거와 근본적인 적대관계 해소로 이어나가기로 하였다.[39]

희망을 간직한 채 앞으로 나가는 힘을 두 글자로 줄이면? 나는 소원이라고 답하겠다. 일제강점기에 나라 잃은 겨레의 아픈 마음을 달래고 겨레에 새로운 희망을 주기 위해 쓰인 곡 가운데 우리의 소원이라는 동요가 있다. 노래 속 화자는 독립이 소원이라고 하였고, 다른 소원은 통일이라고 말한다.[40] 아마 자주독립, 평화 통일을 말하는 것 아닐까. 나는 타국과 원만한 관계를 맺으면서도 외세에 휘둘리지 않고 자주적이고 평화적으로 나아갈 수 있는 대한민국을 꿈꾼다. 그것이 우리의 소원이고 대통령을 중심으로 대한민국이 해야 할 중점 과제라고 생각한다.

Sustain 1. (필요한 것을 제공하여) 살아가게[존재하게/지탱하게] 하다

2. 계속[지속]시키다 (=maintain)

삼권분립의 원칙에 따르면 법률 제정은 입법부인 국회가 하고, 법을 해석하고 판단하여 적용하는 것은 사법부인 법원이 하며, 각 법을 근거로 한 정책을 집행하는 일은 행정부인 정부가 하게 되어 있다.

독특한 점이 있다. 헌법 제75조, 대통령은 법률에서 구체적으로 범위를 정하여 위임받은 사항과 법률을 집행하기 위해 필요한 사항에 관하여 대통령령을 발할 수 있다. 빠르게 변화하는 사회에 대응하기 위해 입법 수요가 늘어나고 있는데, 국민들에게 필요한 것을 제공하고 살아갈 수 있게끔 대한민국 정부는 행정입법권을 가진다.

이어 헌법 제78조에서는 대통령의 공무원 임명권에 관해 얘기한다. 대통령 역시 직급이 국가 원수인 공무원이다. 대통령은 국민투표라는 국가 고시를 엄중히 치르고 선발된다. 따라서 국민이 임명한 공무원 대통령은 국민의 삶을 지탱하는 공무에 힘써주기를 기대한다.

Embrace 1. (껴)안다, 포옹하다 (=hug)

2. (생각·제의 등을 열렬히) 받아들이다[수용하다]

3. 포괄하다, 아우르다

"답은 정해져 있고 넌 대답만 하면 돼!"같은 권위적인 태도가 아니라 국민의 생각을 두루 듣고 포괄하기 위한 방법이 드러나는 조항이 있다. 바로 헌법 제72조이다. 대통령은 필요하다고 인정할 때에 중요정책을 국민투표에 부칠 수 있다. 우리나라 최초의 국민투표는 1962년 12월 17일에 있었던 제3공화국 헌법 관련 국민투표이며,[41] 그 후 개헌과 관련해 5차례의 국민투표가 있었다. 가장 최근의 국민투표는 1987년 10월 27일 제6공화국 헌법 관련 국민투표였다. 2018년 3월 26일 문재인 대통령이 대한민국헌법 개정안을 제안하며 30년 만에 국민투표가 시행될지 이목이 집중되었지만, 국회 문턱을 넘지 못하고 폐기되면서 투표로 이어지지는 않았다.[42]

중요한 것일수록 국민의 뜻을 듣겠다는 각오처럼 느껴져 헌법 제72조는 아주 반가웠다. 나대로의 말(H. O. R. S. E.)로 표현한 대로 '듣고 간직하고 지속시키기 위한' 대통령의 책무를 다할 방법으로 보여 앞으로 펼쳐질 정책들이 기대된다. 국민의 힘이 곧 나라의 힘이며, 그 힘과 더불어 국민의 소리에 귀 기울이는 민주적인 대통령의 모습을 상상하며 흐뭇한 미소를 띠어 본다.

헌법 제67조 1항은 선거의 4대 원칙인 보통·평등·직접·비밀선거에 따라 대통령이 선출됨을 이야기한다. 이는 직선제가 시행되고 난 이후부터 현직 대통령을 포함, 앞으로 대한민국을 이끌어 갈 미래의 대통령까지 국민의 손에서 뽑힌다는 말이다. 선거 결과에 따라 대한민국 제19대 대통령이 선출되었고, 문재인 대통령이 2017년 5월 10일 취임하였다. 그날의 취임사가 기억난다. 나라를 나라답게 만드는 대통령이 되겠다고, 대통령의 제왕적 권력을 최대한 나눌 것이라고, 퇴근길에는 시장에 들러 마주치는 시민들과 격의 없는 대화를 나누며 때로는 광화문광장에서 대토론회를 열겠노라고.[43]

대통령이 국민의 생각을 열렬히 받아들이려고 노력하는 것처럼 국민 역시 선거의 결과를 받아들이고 헌법 제70조에서처럼 임기 동안 대통령을 껴안아야 한다고 말하고 싶다. 대통령은 대통령이기 전에 사람이다. 현자들은 죄는 미워해도 사람은 미워하지 말라고, 사람은 누구나 실수를 할 수 있다고, 사람 위에 사람 없고 사람 밑에 사람 없다고 말한다. 우리나라 대통령을 우리나라 국민이 수용하지 않으면 나라를 위해 큰일을 할 수 없을 것이다.

행정부 수반이자 국가 원수인 대통령에게 바라는 마음을 레터링(Lettering, 광고 따위에서 시각적 효과를 고려하여 문자를 도안하는 일. 또는 그 문자.)을 활용해 편지처럼 써보았다. 나는 대한민국 대통령이 말(H.O.R.S.E.)했으면 좋겠다. 귀 기울여 듣고, 위기는 극복하고, 우리의 소망을 간직하면서 국민이 잘 살아가게 하며, 세계를 아우르는, 그런 대통령을 꿈꾼다. 마침 음악 플레이어에서 흘러나오는 노래가 제법 인상적이라 가사 일부를 인용하며 페이지를 매듭짓는다.

♩ 이젠 그랬으면 좋겠네 그대 그늘에서 지친 마음 아물게 해 소중한 건 옆에 있다고 (조용필 - 이젠 그랬으면 좋겠네)

♪ Latte is horse 조금도 지루할 틈 없었다 너 때는 모르겠지 라떼는 아직 한참 남았어 그저 그때와 다를 뿐 이제 지금부터가 시작이다 (허세스코 - 라떼는 말이야 (Feat. 김진웅))

나의 편지가 헌법과 함께 닿기를.

공무원의 의무

서우민

헌법에서 정부 부분은 대통령과 행정부로 구성된다. 2021년도 검찰개혁, 정인이 학대 사망 사건에 대한 책임 논란, 코로나 대응 행정명령에 따른 생존권 시위, 의사국가시험 재응시 가능 논란 등의 사회문제가 끊임없이 일어나고 있다. 사회문제에 대한 대안에 대해서는 거의 항상 여러 찬반 논란이 존재한다. 그 논란의 중심체 중 하나가 정부다. 대통령에서 내려온 권한은 국무총리에서 행정 각부로 이동한다. 이 행정 각부 안에는 수많은 부서와 그 부서에 소속된 공무원들이 움직이고 있다. 국무회의에서 논의되는 사항은 이슈 중의 이슈로, 규모가 크거나, 많은 국민들이 주목하거나, 국가적 타격이 큰 문제일 것이다. 그러나 이 수많은 사회문제를 국무회의에서 다 다루지는 못한다.

문득 의문이 들었다. 우리는 사회문제를 제대로 바라보고 있을까? 사회문제의 원인을 제대로 주목하고 있는가? 그 문제의 근본적인 책임자가 누구인지 정확하게 보고 있을까? 가끔(혹은 꽤 많은 경우) 사회문제 대부분의 책임을 무작정 대통령에게 투사하는 건 아닌지 싶다. 정부의 행위는 결국 모두 대통령의 허가 아래 진행되는 것이다. 그렇다고 오로지 대통령 책임이라고만 할 순 없다. 반대로 공무원의 책임이라고만 할 수도 없다. 모든 정부 관련 문제에서 대통령이 자유로울 수는 없으니까. 경찰, 교사 등 우리가 만나는 많은 공무원의 완벽한 청렴이나 정의를 막연히 기대할 수는 없는 일이다. 법으로 명시하여 좀 더 공론화되어야 할까? 아 물론 헌법 총강에 공무원의 책임이 있다.

제7조

① 공무원은 국민전체에 대한 봉사자이며, 국민에 대하여 책임을 진다.
② 공무원의 신분과 정치적 중립성은 법률이 정하는 바에 의하여 보장된다.

이 조항이 헌법 총강에 있는 것은 공무원이 행정부뿐 아니라 입법부, 사법부, 헌법재판소 등 많은 곳에 존재하기 때문으로 보인다. 국민 전체에 대한 봉사자이며, 국민에 대한 책임을 진다. 그런데 이 한 문장으로 수많은 공무원의 정의로움, 청렴함을 보장할 수 있을까. 헌법 한 줄 더 생긴다고 세상이 바뀔 것인가? 대통령 한 명 바뀐다고 사회가 바뀔까?

2020년 기준 행정부는 1,087,739명의 공무원 중 정무직인 국가공무원이 129명이다. 정무직은 선거에 의하여 취임하거나 국회의 동의를 얻어 임명되는 특수 경력직 공무원이다. 직접적인 서비스를 제공하는 경찰, 소방, 교육 등 특정직 공무원(507,726명)과 9급-3급 등 일반직공무원(172,733명), 지방공무원(406,690명)은 각각의 세부 법률에 따라 정해진 시험 등의 임용 절차를 통해 채용된다.[44] 대통령 임기는 5년이지만 대부분의 공무원은 몇십 년이다. 대통령은 국정 전반을 다루는 권한이 있는 굉장히 영향력 있는 인물임에는 분명하지만 어찌 되었든 정해진 기간에서 영향력을 끼치는 존재다.

'청렴의 의무'는 헌법 국회 부분에서만 나온다. '정의로움', '국민의 안전을 최우선으로 한다는 것', '독재 구조를 만들어 가지 않는 것' 등 너무도 당연한 것들이 헌법상 공무원의 책임으로 들어가면 뭔가 달라지지 않을까. 헌법은 만들어지는 순간, 그 줄기를 타고 수많은 법률이 생겨나고, 국가에 대한 한 가지 명확한 기준을 첨부할 수 있다. 그 효과는 가지를 치고 뻗어갈 수 있다. 헌법에 공무원의 청렴함이 명시된다면 법률로 공무원이 청렴함을 위한 구조를 만들어 갈 것이다. 청렴함이 선택이 아니라 필수라는 인식을 가지게 할 것 같다.

정부 부분을 읽으면서 헌법이 정부 구성 방법과 운영 절차, 고유 업무를 안내하는 데 너무 집중하고 있다는 생각이 들었다. 그리고 거기에는 정부를 움직이는 100만 명이 넘는 공무원보다는 대표, 대표 중의 대표 이야기만 다뤄지는 느낌이 들었다. 이것이 과연 헌법이 존재하는 이유인지 잘 모르겠다. 국가 구성 체계, 그 구성 체계의 대표들에 대해 알려주는 것은 중요하지만, 정부를 구성하는 구성원들에 대한 이야기도 주목받았으면 좋겠다. 왜 공무원이 존재해야 하는지. 어떤 공무원이 존재해야 하는지. 왜 이런 절차로 뽑히는 게 최선인지 등에 대한 내용이 담긴다면, 정부를 좀 더 이해할 수 있을 것 같다. 그리고 사회문제를 좀 더 현명하게 바라볼 수 있을 것 같다.

3장 정부

견제 장치가 숨어있다.
서우민

법은 최악을 고려하여 만들어지는 것으로 생각한다. 모두가 법 없이 살아갈 수 있다면 이상적이지만 그렇지 않은 이들이 언제나 존재해 왔기 때문에 법을 만들어 규제하는 것이다. 잘못된 행동을 하지 않도록, 혹은 다시는 잘못하지 않도록 하려고 말이다. 헌법도 추상적일지언정 법이다. 그것도 최상위 법. 헌법도 당연히 최악의 상황을 막을 수 있는 역할을 해야 한다. 국회, 정부, 사법부 등이 자기 이익에 따라 일하며 시민들에게 피해를 주는 행동을 하지 못하도록 막을 수 있는 최소한의 장치는 서로에 대한 견제이다. 헌법에서 말하는 국회와 정부 간 견제 장치는 어떤 게 있는지 정리해보려 한다.

1. 정부의 국회에 대한 견제

제53조

① 국회에서 의결된 법률안은 정부에 이송되어 15일 이내에 대통령이 공포한다.

② 법률안에 이의가 있을 때에는 대통령은 제1항의 기간내에 이의서를 붙여 국회로 환부하고, 그 재의를 요구할 수 있다. 국회의 폐회중에도 또한 같다.

③ 대통령은 법률안의 일부에 대하여 또는 법률안을 수정하여 재의를 요구할 수 없다.

④ 재의의 요구가 있을 때에는 국회는 재의에 붙이고, 재적의원과반수의 출석과 출석의원 3분의 2 이상의 찬성으로 전과 같은 의결을 하면 그 법률안은 법률로서 확정된다.

⑤ 대통령이 제1항의 기간내에 공포나 재의의 요구를 하지 아니한 때에도 그 법률안은 법률로서 확정된다.

⑥ 대통령은 제4항과 제5항의 규정에 의하여 확정된 법률을 지체없이 공포하여야 한다. 제5항에 의하여 법률이 확정된 후 또는 제4항에 의한 확정법률이 정부에 이송된 후 5일 이내에 대통령이 공포하지 아니할 때에는 국회의장이 이를 공포한다.

⑦ 법률은 특별한 규정이 없는 한 공포한 날로부터 20일을 경과함으로써 효력을 발생한다.

먼저 국회의 주 역할인 입법권에 대해 살펴보자. 국회의원들의 고유한 업무는 법을 만드는 일이다. 53조 내용을 보면 알 수 있지만, 의결정족수가 넘는다고 해서 무조건 법이 만들어지는 것은 아니다. 대통령이 요구하면 국회에서 다시 투표해야 한다. 그런 경우 전보다 더 엄격한 기준을 통과해야 비로소 법이 공표된다. 이는 잘못된 법을 국회에서 만들려는 경우에 정부가 견제할 수 있는 장치가 된다. 3항 내용처럼 대통령이 법률 내용에 대해 제안을 할 수는 없으나 국회의 고유 권한을 침범하지 않으면서 하나의 안전장치 역할을 할 수 있다. 물론 대통령이 제대로 역할을 한다는 가정하에.

제47조
① 국회의 정기회는 법률이 정하는 바에 의하여 매년 1회 집회되며, 국회의 임시회는 대통령 또는 국회재적의원 4분의 1 이상의 요구에 의하여 집회된다.
② 정기회의 회기는 100일을, 임시회의 회기는 30일을 초과할 수 없다.
③ 대통령이 임시회의 집회를 요구할 때에는 기간과 집회요구의 이유를

명시하여야 한다.

대통령이 요구할 시에 국회 임시회가 열릴 수 있다. 회의를 열 권한이 국회의원들에게만 있다면 대통령 고유의 역할을 해내기 어려울 수 있다. 대통령 고유의 권한으로 결정하는 사항 중 국회 동의가 필요한 내용이 많기 때문이다. 단, 시간과 이유를 명시하도록 한다. 한편 이미 예정되어 있던 국회 회의에 출석하여 의견을 표시할 수도 있다.

제81조 대통령은 국회에 출석하여 발언하거나 서한으로 의견을 표시할 수 있다.

대통령의 의견을 국회가 무조건 따라야 하는 것은 아니다. 그러나 전 국민 투표를 통해 뽑힌 대통령의 의견을 국회가 어떻게 다룰지에 대해 국민들이 관심을 가지게 되고, 국회는 이에 대한 책임과 부담이 있을 것이다. 이 또한 정부의 국회 견제 장치라 볼 수 있다.

2. 국회의 정부에 대한 견제

제54조

① 국회는 국가의 예산안을 심의·확정한다.

② 정부는 회계연도마다 예산안을 편성하여 회계연도 개시 90일전까지 국회에 제출하고, 국회는 회계연도 개시 30일전까지 이를 의결하여야 한다.

③ 새로운 회계연도가 개시될 때까지 예산안이 의결되지 못한 때에는 정부는 국회에서 예산안이 의결될 때까지 다음의 목적을 위한 경비는 전년도 예산에 준하여 집행할 수 있다.

1. 헌법이나 법률에 의하여 설치된 기관 또는 시설의 유지·운영

2. 법률상 지출의무의 이행

3. 이미 예산으로 승인된 사업의 계속

정부는 매년 예산안을 편성한다. 대부분의 예산 집행을 정부가 하니 예산을 짜는 것도 정부의 권한이라 할 수 있다. 그렇다고 원하는 대로 예산을 짤 수 있는가? 아니다. 돈의 주인이 시민들이기 때문이다. 정부가 집행하지만, 돈의 출처는 국민 세금이다. 그러니 국민의 허락을 받아야 한다. 매년 예산에 대해 국민 허가를 받는 것은 현실적으로 불가능하기 때문에 국회의 의결을 받아 집행한다. 최악의 상황인 정부의 폭주, 재정 낭비, 재정 횡령 등을 막을 수

있는 안전장치인 것이다. 돈과 관련된 중요한 정부 역할 중 하나가 타국과의 계약 체결이다.

제58조 국채를 모집하거나 예산외에 국가의 부담이 될 계약을 체결하려 할 때에는 정부는 미리 국회의 의결을 얻어야 한다.

타국과 계약을 체결하거나 국채 발행을 할 때 국회 의결을 얻어야 한다. 정부가 제안할 수 있는 내용이지만 정부 마음대로 진행할 수는 없다. 국회의 의결 없이는 불가능하다. 국회는 여러 시민의 입장을 대변하고 있다. 그래서 정부는 국회의원들을 설득해야 한다. 조약이나 선전포고 관련해서도 마찬가지다.

제60조

① 국회는 상호원조 또는 안전보장에 관한 조약, 중요한 국제조직에 관한 조약, 우호통상항해조약, 주권의 제약에 관한 조약, 강화조약, 국가나 국민에게 중대한 재정적 부담을 지우는 조약 또는 입법사항에 관한 조약의 체결·비준에 대한 동의권을 가진다.

② 국회는 선전포고, 국군의 외국에의 파견 또는 외국군대의 대한민국 영

역 안에서의 주류에 대한 동의권을 가진다.

예산 편성뿐 아니라 주어진 예산을 제대로 집행하고 있는지 알아보는 것도 중요하다. 감사원이라는 기관이 존재하지만, 국회는 국정감사를 통해 이 견제를 행한다. 국가 예산을 허투루 쓰거나, 악용하거나, 횡령하지 않았는지 감시한다.

제61조

① 국회는 국정을 감사하거나 특정한 국정사안에 대하여 조사할 수 있으며, 이에 필요한 서류의 제출 또는 증인의 출석과 증언이나 의견의 진술을 요구할 수 있다.

② 국정감사 및 조사에 관한 절차 기타 필요한 사항은 법률로 정한다.

제62조

① 국무총리·국무위원 또는 정부위원은 국회나 그 위원회에 출석하여 국정처리상황을 보고하거나 의견을 진술하고 질문에 응답할 수 있다.

② 국회나 그 위원회의 요구가 있을 때에는 국무총리·국무위원 또는 정부위원은 출석·답변하여야 하며, 국무총리 또는 국무위원이 출석요구를 받은 때에는 국무위원 또는 정부위원으로 하여금 출석·답변하게 할 수 있

다.

국회의 국정감사는 감사원처럼 일 년 내내 진행되지는 못한다. 기소권이 있는 것도 아니다. 국민의 대표로서 정부의 업무를 감사한다는 데 의미가 더 있는 것 같다. 국민들이 반드시 알아야 하는 주요 문제를 찾아내 공론화시키고, 정부 관계자를 문책한다. 국회가 정부를 견제하는 방법을 알아갈수록 국회의원을 정말 최선을 다해 뽑아야겠다는 생각이 든다. 다시 돌아와서 인사권을 살펴보자. 대통령은 국무위원들을 임명하여 국무회의를 진행하고, 국정 운영을 한다. 국정 운영의 중요한 역할을 국무총리 포함 국무위원들이 하는데 이들이 대통령 임명직이다. 이들이 옳지 않은 행동을 할 우려가 있을 때는 견제가 필요하다. 물론 우리가 대통령을 뽑으면서 임명권까지 주었다고 볼 수 있다. 그런데도 대통령이 제대로 된 인사를 하지 않았다는 판단이 있을 때는 국민을 대표해 제재를 가해줄 사람이 필요하다.

제63조

① 국회는 국무총리 또는 국무위원의 해임을 대통령에게 건의할 수 있다.
② 제1항의 해임건의는 국회재적의원 3분의 1 이상의 발의에 의하여 국회재적의원 과반수의 찬성이 있어야 한다.

제86조

① 국무총리는 국회의 동의를 얻어 대통령이 임명한다.

② 국무총리는 대통령을 보좌하며, 행정에 관하여 대통령의 명을 받아 행정각부를 통할한다.

③ 군인은 현역을 면한 후가 아니면 국무총리로 임명될 수 없다.

대통령 권한대행 1순위인 국무총리는 임명 시부터 국회의 동의를 얻는다. 선출된 뒤에도 국무총리, 국무위원의 해임 건의를 할 수 있다. 타당한 근거가 있다면 건의를 넘어 대통령, 국무총리의 직위까지 박탈을 진행할 수도 있다.

제65조

① 대통령·국무총리·국무위원·행정각부의 장·헌법재판소 재판관·법관·중앙선거관리위원회 위원·감사원장·감사위원 기타 법률이 정한 공무원이 그 직무집행에 있어서 헌법이나 법률을 위배한 때에는 국회는 탄핵의 소추를 의결할 수 있다.

② 제1항의 탄핵소추는 국회재적의원 3분의 1 이상의 발의가 있어야 하며, 그 의결은 국회재적의원 과반수의 찬성이 있어야 한다. 다만, 대통령에 대한 탄핵소추는 국회재적의원 과반수의 발의와 국회재적의원 3분의 2

이상의 찬성이 있어야 한다.

③ 탄핵소추의 의결을 받은 자는 탄핵심판이 있을 때까지 그 권한행사가 정지된다.

④ 탄핵결정은 공직으로부터 파면함에 그친다. 그러나, 이에 의하여 민사상이나 형사상의 책임이 면제되지는 아니한다.

정부뿐 아니라 헌법재판소, 법원, 선거관리위원회, 감사원에 속한 인물들의 행위가 불법일 때에 국회는 탄핵을 요구할 수 있다.

선전포고와 같이 전쟁 관련 내용에 대해서는 대통령 임의대로 할 수 없다. 국회 동의권이 필요하다. 우리나라 헌법에는 1987년 헌법 개정 이전에도 선포되었던 계엄령 내용이 있다.

제77조

① 대통령은 전시·사변 또는 이에 준하는 국가비상사태에 있어서 병력으로써 군사상의 필요에 응하거나 공공의 안녕질서를 유지할 필요가 있을 때에는 법률이 정하는 바에 의하여 계엄을 선포할 수 있다.

② 계엄은 비상계엄과 경비계엄으로 한다.

③ 비상계엄이 선포된 때에는 법률이 정하는 바에 의하여 영장제도, 언론·출판·집회·결사의 자유, 정부나 법원의 권한에 관하여 특별한 조치를 할 수 있다.
④ 계엄을 선포한 때에는 대통령은 지체없이 국회에 통고하여야 한다.
⑤ 국회가 재적의원 과반수의 찬성으로 계엄의 해제를 요구한 때에는 대통령은 이를 해제하여야 한다.

계엄령은 대한민국 현대사에서 최악의 독재를 실현하는 방법으로 활용되었다. 그래서일까, 77조에서 계엄령 선포 시 대통령이 지체하지 말고 국회에 이 사실을 알려야 하며, 과반수 찬성으로 해제를 요구할 때 바로 시행되도록 했다. 대통령 임의대로 계엄령을 선포하여 무고한 시민들이 희생되는 최악의 상황을 방지하고자 국회에 권한을 준 것이다.

국회는 정부, 사법부와 함께 삼권분립을 이루어야 한다. 국회의원들은 전원을 국민들이 직접 뽑았기 때문에 정부에 대한 견제 역할이 많을 수 있다. 국회가 대통령의 잘못된 선택(군사 독재식 계엄령, 전쟁 선포, 불법적인 예산 사용이나 국채 발행, 특정 국민에게는 생존에 위협이 될 조약체결, 부적합한 고위인사 임명 등)을 견제하는 것은 중요하다. 그러나 그것이 국회는 견제받지 않아도 된다는 말과는 다르다고 생각한다. 국회의원도 언제나 최악의 선택을 할 수 있는 중요한 인물이기 때문이다. 지금의 견제 장치는 국회의 최악은 감안하고 있지 않은 것 같다. 헌법에 숨어있는 서로 간의 견제 장치들을 이해하고, 최악을 막을 수 있는 더 나은 견제 장치를 생각하는 힘이 우리에게 필요하다.

4장. 사법부·헌법재판소

마주
어서 오세요, 사(법해)설소입니다.
이은지
21세기 솔로몬에게 필요한 것
서우민
판사는 어떻게 뽑혀야 하는걸까
이은지
헌법재판소의 정당성
마주
결정(決定)하셨으면 주문(主文)하세요.

4장 사법부·헌법재판소

어서 오세요, 사(법해)설소입니다.

마주

〈데이터 맛집 사법권에 별점 드려요.〉

나는 포털사이트 N사의 데이터랩 서비스를 애용한다. 해당 사이트에서 화제가 되는 키워드들을 분야별로 보여주는 것인데, 특정 검색어가 얼마나 많이 검색되었는지 확인할 수 있어서 영감을 떠올리거나 사업 아이템을 찾을 때 종종 접속한다. 법원은 다른 말로 사법부라고 불린다. 사법부의 고유 권한인 사법권은 법을 적용하고 해석하는 권한으로, 헌법 제101조에서 서술하듯 법관으로 구성된 법원에 속한다. 나는 '사법권'이 최근 한 달간 (2020.12.18.~2021.1.18.) 얼마나 검색되는지를 조회해보았다. 그래프의 정점을 찍은 두 날이 눈에 띈다. 2020년 12월 23일과 2021년 1월 14일. 해당

일자에 무슨 단어가 상위 검색어였을까. 순위별로 전자는 '정경심, 임경엽, 최강욱', 후자는 '박근혜, 가결, 트럼프탄핵'이였다. 사법부와 법원도 조회해보았다. 차례로 2020년 12월 25일에 홍순욱판사, 윤석열, 메리크리스마스, 2020년 12월 21일에 5인 이상 집합금지, 동지, 아시타비가 순위권에 있었다. 데이터 결과를 통해 사법권의 독립과 국민의 기본권 보장에 사람들이 많은 관심(별점)을 두는 것으로 이해했다.

〈우리…. 알아가 볼까?〉

행정부인 대통령과 입법부인 국회의원은 국민의 손으로 뽑히지만, 사법부의 구성원들을 선출할 수 있는 권한은 국민에게 있지 않다. 사법부의 견제 장치 역시 국회의 대법원장 임명 동의권, 법관 탄핵 소추 의결권, 정부의 대법원장 및 대법관 임명권 등이 전부이다. 사법부의 잘못을 물어야 하는 상황에서 국민이 직접적으로 견제할 방법은 없다. 다른 공직자들과 마찬가지로 법관 임명에 신중해야 할 이유이다. 사법부를 공부하면서 통치행위[*45], 사법살인[**46], 언

---

[*]   국가통치의 기본에 관한 고도의 정치성을 띤 국가 행위로, 사법부에 의한 법률적 판단의 대상으로 하기에는 부적당하다 하여 사법심사권의 적용 범위에서 제외되는 행위를 말한다.

[**] 죄가 없음에도 불구하고 법률에 의해 사형 선고를 받거나, 사형을 언도받아 사형당한 것.

더도그마[*47] 그리고 국민정서법[**48]까지 다양한 용어를 알게 되었다.

법관의 판결은 판례라는 이름으로[***49] 그 나라의 사법 역사에 평생 남는다. 2020년 12월, 경찰은 이용구 법무부 차관이 취임 전 택시기사를 폭행한 사건을 수사하면서 특가법이 아닌 단순폭행죄로 내사 종결했다. 택시기사가 처벌을 원치 않는다는 의사가 있어서였다. 당시 경찰은 "판례에 따라 결정한 사항이며 사후로 하급심 판례들을 다시 살펴보는 작업은 할 것이다"라는 입장을 보였다.[50] 얼마 지나지 않아 경찰이 관련법 개정 전 판례를 이유로 그를 입건하지 않은 것으로 알려져 사회의 각 분야에서 비판을 받았고, 논란이 불거지자 시민단체가 고발장을 제출했다. 검찰은 며칠 뒤 직접수사에 착수했다.[51]

판례는 유사한 사건의 판단을 내릴 때 영향을 준다. 특히 최고 법원인 대법원의 판결은 다른 사건에도 영향을 미칠 수밖에 없다. 그렇기에 이미 같은 법률조항에 대하여 대법원의 해석이 존재하는 경우는 법질서 통일성을 위해 일반 하급심 법원에서도 이를 가능한 존중하고 따른다. 하지만 판례는 법률이 아니다. 때때로 예상을 깨고 전혀 다른 판결이 나온 사건은 화제가 되기도 한다. 판례가 존재하더라도 하급심 법관들은 추가적인 검토나 논의를 꼭 거쳐서

---

*　힘의 차이를 근거로 선악을 판단하려는 오류로, 맹목적으로 약자는 선하고, 강자는 악하다고 인식하는 현상.
**　국민정서에 어긋나는 행위를 법에 빗대어 부른 말. 이는 실정법(성문법)이 아닌 불문율(不文律)로 여론에 의지하는 감성적 법으로 언론의 영향을 많이 받는다.
***　법원에서 동일하거나 비슷한 소송 사건에 대하여 행한 재판의 선례.

현명한 판결을 내리길 바란다.

〈농단이 지나치시네요!〉

사법부를 돈으로 살 수 있으려나? '무슨 농담이 이래?' 싶을 것이다. 질문을 다시 해본다. 법조인을 돈으로 살 수 있을까? 일부는 맞고 일부는 틀리다. 우선 재판에서 피고나 원고를 변론하는 사람인 변호사(변호인), 돈이 있으면 사선변호인을[52] 선임할 수 있지만 그렇지 않다면 국선변호인을[53] 선임하거나 아예 할 수 없다. 재력에 따른 법률 서비스의 접근성 차이가 있으니 돈으로 살 수 있다는 말이 성립된다.

법조인에는 변호인 외에도 검사(검찰관, 행정부 산하 부처인 법무부의 소속기관인 검찰청에서 근무)와 판사(법관, 사법권을 행사하는 법원의 공무원)가 있다. 검찰총장은 국무회의의 심의를 거쳐 임명되며(헌법 제89조 16항), 대법원장은 국회의 동의를 얻어 대통령이 임명한다(헌법 제104조 1항). 따라서 행정권 아래 있는 검찰총장과 사법부에 있는 대법원장은 돈으로 살 수 없다. 그런데 지나친 농담 같은 일이 일어났다. 대한민국 사법부 역사에 재판

---

* 피고인이나 그의 가족 또는 법정 대리인이 선임하는 변호인.
** 가난 따위의 이유로 변호사를 선임할 수 없는 형사 피고인을 위하여, 법원이 선임하여 붙이는 변호인.

을 돈으로 산 기록이 있다. 이른바 재판 청탁. 현직 부장판사가 뒷돈을 받았을 뿐만 아니라 재판 방향까지 바꿔준 정황이 알려졌다.[54] 대법원이 판사들의 성향과 동향을 파악한 이른바 '사법부 블랙리스트'를 만들어 관리해 온 정황도 드러났다.[55] 법관은 헌법과 법률, 양심에 따라 독립하여 심판한다는 말이 있다.(헌법 제103조) 다른 권력의 명령에 따르지 아니하고, 법률적 판단 기준에 근거하여 심판한다는 것으로 해석된다. 양심이 사라지고 법원의 독립성이 무너진 이 두 가지 사례가 고개를 가로젓게 했다.

헌법 제106조 1항은 이와 같다. '법관은 탄핵 또는 금고 이상의 형의 선고에 의하지 아니하고는 파면되지 아니하며, 징계처분에 의하지 아니하고는 정직·감봉 기타 불리한 처분을 받지 아니한다.' 사법농단 주범으로 지목돼 검찰 조사라는 불명예를 안은 양승태 전 대법원장.[56] 그의 밑에서 일하던 법원행정처 판사들은 밖으로는 재판권을 무기 삼아 청와대 또는 국회에 협력하거나 협상을 시도했고, 안으로는 인사권을 무기로 재판을 통제하거나 판사들을 사찰했다. 사법부 재판은 순수하고 정의롭다고 이야기하던 사법부의 수장이 조사 과정에서는 "지시하거나 보고를 받은 적이 없다", "기억나지 않는다"라는 말을 반복해 국민을 실망하게 했다. 결국 그는 전·현직을 통틀어 헌정사상 처음으로 검찰에 피의자로 소환된 데 이어 결국 구치소에 구속 수감되는 사법부 수장으로 기록됐다. 헌법 가치를 훼손한 죄로 자격에서도, 국민의 마음에서도

'파면'된 것이다.

⟨실례합니다 No, 신뢰합니다 Yes.⟩

　인터넷 기사를 읽다 보면 '법이 이상하다, 판사가 미쳤다'는 댓글을 종종 접한다. 재판은 거래도 흥정도 통하지 않아야 하는데, 비슷한 범죄 상황에서 형량이 다르다든지 유명인사의 불법 정황에도 불구하고 양형기준이 낮다든지, 전관예우의 의심이 가는 상황이 있을 때마다 이를 의심하게 된다. 과연 제대로 조사해서 선고한 것이 맞는지 말이다. 수사권이나 공소권이 없는 일반 사람은 재판이 있게 된 경위부터 판결까지 모든 과정을 꿰뚫어 볼 수 없다. 그런 까닭에 재판의 심리와 판결은 공개하기로 되어 있다(헌법 제109조). 법원의 결정으로 공개하지 않는 경우는 국가의 안전보장 또는 안녕질서를 방해하거나 선량한 풍속을 해할 염려가 있을 때뿐이다. 그럼에도 피해자와 피의자의 합의가 아닌 재판 과정 속 어두운 합의와 돈이 오가는 거래에는 두 손을 힘차게 내젓고 싶다.

　부정부패와 상대적 박탈감. 두 단어 모두 유쾌하지 않다. 유전무죄 무전유죄(有錢無罪 無錢有罪) 같은 맥락은 더더욱 보고 싶은 마음이 없다. 법보다 권력이나 돈의 위력이 더 세다면 누가 법을 지키겠는가. 법이 우리를 지킬 수 없다면 그 누구도 법을 신뢰하지 않을 것이다. 헌법도 대한민국을 지킬 수 없게 된다. 대법원은 법원이나 사건별로 차이가 나는 형량을 조정하기 위해 양형위원회를 두어 양형 기준을 마련하고 제시한다. 그러나 사건별로 수십 가지 이상의 판단 요소들이 존재하므로 기계적인 통일은 어렵다. 결국 판사의 양심과 전문성에 대한 국민의 신뢰 회복이 중요하다.[57]

실례할 일 말고 신뢰할 일 많은 사법부가 되기를 진정으로 응원한다.

21세기 솔로몬에게 필요한 것

이은지

누구나 한 번쯤 어린 시절에 '솔로몬 이야기'를 접해봤을 것이다. 많은 일화 중에서도 두 여인이 살아있는 한 아이를 두고 서로 자신이 진짜 어머니라고 주장했던 이야기가 가장 대표적이다. 이에 솔로몬 왕은 '아이를 반 나눠 가지자'라는 결론을 내렸고 진짜 어머니를 찾아낼 수 있었다. 아무런 증거도 없고 무엇이 진실인지 알 수 없는 난감한 상황에, 현명한 지혜를 겸비한 인물이 누구나 동의할 수 있는 정의를 실현해 억울한 사람의 감정을 풀어 줄 수 있는 일은 대단한 일이다. 역할이 똑같지는 않지만, 현대사회에서 그 대단한 일은 법관의 몫이 되었다. 다만, 솔로몬은 절대권력을 지닌 왕으로 행정과 사법 모두 막강한 권력을 자의적으로 행사할 수 있었다. 하지만, 오늘날의 법관은 법률에 따라 부여된 자격으로 오직 법률과 절차에 따라 정의를 실현할 수 있다. 증거가 없거나 법률로 정한 형벌의 대상이 아닌 경우, 어떠한 처벌도 내릴 수 없다. 법관은 솔로몬처럼 무소불위의 권력을 지닌 왕도, 전지전능한 신도 아니기 때문이다. 그들은 단지 남들보다 법에 대해 많이 알고 있는 평범한 사람이다. 서로 다른 주장을 하는 원고와 피고, 또 그것을 중재해야만 하는 법관, 이 세 사람 중 오히려 진실과 가장 멀리 있는 사람이기도 하다. 이러한 법관에게 한 사람의 인생을 좌지우지할 수 있는 막대한 권력이 법률에 따라 주어진 것이다.

내가 법관이라면, 내가 내린 선택의 결과가 타인의 인생에 막대한 영향을 미치는 상황이라면 나는 어디에 의지할 수 있을까? 그것은 오직 법률일 것이다. 법관은 「헌법」 제 103조에 따라 헌법과 법률에 따라 그 양심에 따라 독립하여 심판하여야 한다. 법관의 판결은 법을 배제하고 내려질 수 없다. 법률에 명시된 글자, 문구에 종속된다. 판결이 법에 종속된다는 것을 족쇄로 볼 수도 있지만, 불확실성에 대한 방어막으로 해석할 수도 있다. 대다수 법관이 기존의 판례를 최대한 따르려는 경향을 보이는 이유도 이에 있다. 그러나 문제는 지금의 판결이 과거에 만들어진 법, 과거에 내려진 판례를 따르다 보니 현재 국민이 느끼는 옳고 그름에 대한 판단 또는 법에 대해 갖는 감정인 '법 감정'을 따라잡지 못한 판결이 이루어진다는 점이다. 법원의 높은 권위와 달리 국민 정서와 동떨어진 판결은 늘 이슈다. 같은 죄에 나라별 형량 차이가 큰 것을 비교하며 우리나라 사법 정의에 대해 불신하는 목소리도 쉽게 접할 수 있다. 낮은 형량에 의문을 제기하며, '본인 가족이 똑같은 일을 당해도 저런 판결이 나올 수 있을까?' 의문을 품기도 한다. 한 기사에 따르면, 국민 10명 중 6명이 사법부 재판을 신뢰하지 않는다고 한다. 사법부를 신뢰한다는 응답은 2명에 불과했다.[58] 또, 각종 연구기관의 분석에 따르면, 4차 산업 혁명 시대에 소멸될 수 있는 직업에 판사도 예외는 아니다.[59] 인공지능 판사의 등장이 인간 판사의 자리를 위협할지도 모른다는 예측은 기계적으로 법을 적용하여 판결을 내리던 기존 판사들에 대한 비판이자 정치 권력이나 사회적 관심에 따라 판결이 오락가락했던 사법부에 대한 불신의 산물이다.

하지만 이는 법관만의 문제는 아니다. 법을 만드는 입법 기관과 그것을 현실 문제에 적용하는 사법 기관의 이원적 구조가 원인이 된다. 우리나라는 입법, 행정, 사법으로 삼권이 나누어진 삼권분립국가이다. 필자는 국회와 정부의 권한, 권력과 비교해 법원의 기능이 상당히 제한적이라는 것이 늘 의문이었다. 국회와 정부에는 입법권이 있지만, 실제 그 법이 적용되는 현실을 가장 많이 접하는 법원에는 입법권이 없다. 또, 국회와 정부가 팽팽한 긴장 관계를 유지할 동안 법원은 유유자적 다소 동떨어져 있는 기관같이 느껴졌다. 여러 가지 자료를 찾아보면서 어느 정도 그 해답을 찾을 수 있었다. 결론적으로 사법은 입법, 행정과 기본 속성이 다르다. 「헌법」 제5장은 제101조부터 110조에 이르기까지 법원의 조직과 구성에 관해 서술한다. 「헌법」 제101조 1항, 사법권은 법관이 소속된 법원에 속한다. 헌법상 법원은 최고법원인 대법원을 정점으로, 「법원조직법」에 의해 고등법원, 지방법원, 특허법원, 가정법원, 행정법원, 회생법원을 각급 법원으로 조직되어 있다. 법원은 민사, 형사, 행정사건에 대한 재판권 이외에도 명령·규칙·처분심사권, 위헌법률심판제청권, 대법원규칙제정권을 행사할 뿐만 아니라 사법행정, 법정 질서 유지 등의 권한을 가진다. 법원의 역할은 무엇보다 소송을 전제로 한 사법 정의의 실현이다. 따라서, 법관은 헌법과 법률에 따라 신분이 보장되고 정치 권력으로부터 독립한다. 국가권력으로부터 국민의 권리를 보호할 뿐만 아니라 개인 사이의 법적 분쟁을 해결하는 최후의 보루로서 기능한다. 따라서, 정치적 긴장 상태에서 다소 동떨어진 느낌이 드는 것은 당연했다. 또한, 사법의 작용은 기본적으로 소극적이고 수동적인 모습일 수밖에 없다. 법원은 구체적 사건에 대해 제3자의 입장에서 오직 무엇이 정의와 진실에 가까운지 판단하는데 관심이 있기 때문이다.

물론 입법과 사법이 분리된 체계 자체가 문제라는 것은 아니다. 제대로 된 사법 정의가 실현될 수 없는 입법 기능의 정체가 가장 큰 문제이다. (여기서 '정체'란 국민 정서와 현실 문제를 따라가지 못하는 입법 기능의 '느린 속도'를 의미한다. 또한, 그것이 꼭 절차적 속성만을 뜻하진 않는다.) 따라서, 이에 대한 검토가 우선되어야 문제가 해소될 것이다. 구조적 상황이 이렇다면, 사법의 수동적이고 소극적인 특성은 현재 어떻게 보완되고 있을까? 법관에게는 재판 과정에서 법 해석을 통한 어느 정도의 법 창조 기능을 허용하고 있다. 이는 사법의 본질적 특성과 대배되는 성격의 것이지만, 법의 불명확성과 결함으로 인한 피해를 보완하기 위해 요구되는 것이기도 하다. 사법 정의는 정치적인 것이 아니지만, 오직 법률에 따라서도 이루어질 수 없는 영역이기 때문이다.

최근 테니스 코치인 A 씨는 14년 만에 형사 고발을 당해 징역 10년의 실형이 확정되었다. A 씨는 14년 전 당시 초등학교 4학년이었던 제자 B 씨를 1년간 성폭행한 혐의로 기소되었고 약 2년간의 법정 공방 끝에 대법원은 상당한 시간이 지났지만, 피해자의 진술이 매우 구체적이고 일관된 점을 들어 징역 10년을 선고받았다. 이것이 가능했던 배경은 지난 2012년 13세 미만의 아동 성범죄 피해에 대한 공소시효가 폐지되었기 때문이다. 그런데 형사소송에서 승소하였음에도 피해자 B 씨의 피해는 여전했다. 수면장애, 불안, 악몽 등에 시달리며 고통을 호소하였고 삶은 온전히 회복되지 못했다. 이에 피해자 B 씨는 가해자 A 씨를 상대로 민사소송을 진행하였다. 형사소송과 달리 민사소송의 손해배상청구권은 소멸시효를 두고 있었고 17년이라는 시간이 지났기 때문에 B 씨의 손해배상청구권이 인정되지 않을 가능성이 컸다. 민사소송의 손해배상청구권은 피해자나 법정대리인이 그 손해 및 가해자를 안 날로부터 '3년' 또는 불법행위를 한 날로부터 '10년'이 지나지 않아야 법적 권리 구제가 가능하다. 기존의 판례는 성폭행이 발생한 때를 손해가 발생한 시점으로 보았기 때문에 아무리 범죄로 인한 피해가 인정되더라도 기간이 지나면 구제를 받을 수 없었다. 그러나 재판부는 이례적인 판결을 내렸다. 피고의 불법행위로 인한 원고의 손해인 '외상 후 스트레스 장애'가 잠재되어 있다가 가해자 A를 우연히 만난 것을 계기로, 과거 기억과 고통이 '외상 후 스트레스 장애'로 외부로 표출되고 그 진단을 받은 2016년을 기점으로 그 손해가 현실화하였다고 본 것이다. 이때를 '불법행위가 발생한 날'로 보고 B 씨의 권리 실현을 가능하게 하였다. 하지만 이는 극히 이례적인 사례이다.[60]

2019년 여름, 3일간 대구고등법원에서 대학생 하계 인턴십 프로그램에 참여한 적 있다. 기간이 짧았던 만큼 깊이 있는 내용보다는 법원 내의 전반적인 업무와 사법 재판의 절차를 간략하게 살펴볼 수 있었다. 한 날은 법원 내에서 길을 헤매다가 벽 한편에 '가족처럼 내 일처럼'이라 적힌 문구를 우연히 보게 되었다. 아마도 법원을 방문하는 민원인들을 내 가족처럼, 그들이 현재 겪고 있는 일을 마치 내 일인 것처럼 생각하고 업무에 임할 것을 판사를 비롯하여 법원 행정 업무를 담당하는 공무원 등 조직 구성원에게 당부하는 말인 것 같았다. 또 한편으로는 건물 외벽에 대놓고 새긴 것으로 봐선 법원을 방문하는 사람들에게 법원은 이러한 마음가짐을 바탕으로 사법행정을 행할 것이라는 선언을 하는 것으로 볼 수 있었다. 필자는 그 반대로 그간 법원의 행정이 법원을 찾는 사람들에게 와닿지 못했다는 것을 알 수 있었다. 법원 역시 이를 알고 있으니 이런 문구가 걸리지 않았을까?

솔로몬 왕이 진짜 어머니를 찾아낼 수 있었던 이유는 권력도 전지전능한 능력도 아닌 '모성애'라는 인간 공통의 감정을 이해했기 때문이다. 법은 사람에 의해 만들어지고 사람에 의해 해석된다. 법은 인간사의 모든 상황을 고려하지도, 규정하지도 못하기 때문에 허점이 있을 수밖에 없다. 사람마다 처한 환경이 모두 달라 하나의 법만으로는 모든 상황을 아우를 수도 없다. 그렇다고 해서 100개의 상황에 100개의 법을 만든다는 것 역시 불가능한 일이다. 즉, 결코 완벽할 수 없는 법에만 의존해 판결을 내리는 것은 모순을 떠안은 선택일 것이다. 따라서, 사회적 합의에 따라 만들어진 법률을 최대한 따르면서도 그 안에서 불합리성을 최소화할 수 있는 결론을 도출해 낼 수 있는 지혜가 필요하다. 21세기 솔로몬인 법관에게 요구되는 자질은 법에 대한 해박한 지식뿐 아니라 솔로몬 왕과 같이 사람의 마음을 들여다볼 수 있는 지혜가 아닐까?

판사는 어떻게 뽑혀야 하는걸까

서우민

헌법은 3장부터 5장까지 국회, 정부, 법원의 순서로 이야기가 진행된다. 국회에서는 국회의원(40~65조), 정부에서는 대통령의 주 역할이 무엇이며, 어떻게 선출되는지, 주요 역할과 임기는 어떻게 되는지, 권한과 책임은 무엇인지가 나온다(66~85조). 법원 부분에서도 상급법원인 대법원과 대법원장에 대한 이야기들이 많은 비중을 차지한다(102, 104, 105, 108조). 헌법은 유독 각 주체의 대표들만을 강조하고 있다는 생각이 든다.

사실 나는 일반 판사들에게 관심이 있다. 법원은 대법원 말고도 고등법원, 지방법원, 가정법원, 특허법원 등 다양하다. 그리고 각 법원마다 법관이 있다.

판사들은 어떤 자격을 가진 사람들일까? 헌법에서 법원에 대한 이야기는 아래와 같이 시작된다.

제101조

① 사법권은 법관으로 구성된 법원에 속한다.

② 법원은 최고법원인 대법원과 각급법원으로 조직된다.

③ 법관의 자격은 법률로 정한다.

여기서 법관이란 판사를 말하는데 헌법에서는 판사의 자격에 대해서는 법률로 정하라고 위임한다. 정부의 수장인 대통령과 국회를 구성하는 국회의원들에 대한 이야기가 헌법에 상세히 적혀 있지만 판사에 대해서는 법률로 위임하고 끝. 선출직이냐 아니냐의 차이 때문 일수도 있지만, 법관의 자격을 법률에 맡김으로써 국회에 선출권을 준다. 대법원장, 대법관에 대해서는 임명권자, 임기, 정년 등이 명시되어 있는데 대법원의 높은 권한을 전제하고, 여기에만 집중하는 느낌이다.

제104조

① 대법원장은 국회의 동의를 얻어 대통령이 임명한다.

② 대법관은 대법원장의 제청으로 국회의 동의를 얻어 대통령이 임명한다.

③ 대법원장과 대법관이 아닌 법관은 대법관회의의 동의를 얻어 대법원장이 임명한다.

제105조

① 대법원장의 임기는 6년으로 하며, 중임할 수 없다.

② 대법관의 임기는 6년으로 하며, 법률이 정하는 바에 의하여 연임할 수 있다.

③ 대법원장과 대법관이 아닌 법관의 임기는 10년으로 하며, 법률이 정하는 바에 의하여 연임할 수 있다.

④ 법관의 정년은 법률로 정한다.

가장 상급 법원인 대법원을 구성하고 있는 판사들이 대법관들이고, 그들의 대표가 대법원장이다. 헌법에서는 이들에 대해서만 구체적인 임명 방법을 적어두었다. '국회의 동의를 얻어' '대통령이 임명'한다는 말을 둠으로써 국회와 정부에서 함께 뽑도록 한다. 그렇다면 법률에 위임을 받은 다른 모든 판사는 어떻게 자격을 얻게 되는 걸까?

2021년 기준 우리나라는 로스쿨에 입학하여 수료해야 변호사 자격시험에 응시할 수 있다. 그리고 이 변호사 자격시험에 합격해야 판사, 검사, 변호사로의 활동이 가능한 상황이다. 판사, 검사가 되기 위한 조건들은 더 붙는다. 사법고시가 폐지되면서 법학전문대학원인 로스쿨이 전면적으로 자리 잡았고, 이것은 말 그대로 대학원이다. 학비 자체가 높고, 학부를 졸업한 뒤 대학원으로 진학학 수 있기 때문에 시간이 더 많이 든다(사법고시는 대학 졸업 여부가 중요치 않았다). 로스쿨을 만들면서 다양한 분야의 전문가들을 판사 등으로 양성하고자 하였으며, 많은 변호사를 양성하여 돈 없는 이들이 변호 받을 수 있는 환경을 마련하려 하였다. 사법시험을 통해 배출된 규모에 비해 50퍼센트가량이 늘어, 공공부문에서 특히 변화가 나타났는데 지자체에서 변호사를 5급으로 채용하다가 채용직급이 낮아져 6, 7급에까지 이르렀다 한다. 이는 국민들이 직접 법조인을 접할 기회가 많아진 것을 의미한다. 또한 소도시에도 변호사가 찾아 들어가기 시작했다.[61]

　헌법에서 판사에게 요구하는 책임은 헌법과 법률에 의해 양심에 따라 독립하여 심판한다는 것이다(103조). 내가 주목하고자 하는 문제는 판사가 어떻게 뽑히는 것이 가장 정의에 가까워지는 길일까에 대한 것이다. 또한 이들의 지위가 어떻게 보전되어야 할까에 대한 것도 있다.

프랑스의 경우 국립사법관학교를 통해서 법관, 검사 양성이 이루어진다. 학과를 졸업하고, 연수를 한 뒤, 졸업시험에 합격하면 임명된다. 우리나라 로스쿨과 달리 국립으로 사법관학교를 운영한다. 우리나라는 로스쿨의 높은 학비 때문에 법관이 될 수 있는 문턱이 너무 높아졌다는 비판이 계속되고 있는데 프랑스는 국립으로 제한하여 운영하기 때문에 이런 문제가 생기지 않을 것 같다. 반면 획일화된 교육과 제도 안에서 양성되는 법관들의 폐쇄성, 보수성이 때로 문제가 될 것 같다.[62]

미국은 임명 방식이 굉장히 다양하다. 연방법원, 주 법원에서 판사 임용방법이 다르고, 주 법원 판사는 주마다 다른 방식으로 뽑힌다. 2/3 이상의 주에서는 선거에 의해 판사가 선출된다고 하는데 처음부터 지방자치가 활성화된 구조였던 미국에서는 굉장히 자연스러운 방법이겠다. 우리나라의 경우는 지역별 법관을 다른 방식으로 뽑는 것에는 많은 난관이 있을 것 같다. 미국과 같이 각 법원의 종류별, 심급별로 법관을 별도로 뽑으니 승진을 하여 고등법원으로 이동하거나, 다른 법원으로 전보되는 경우는 없다. 이 점은 권력 상하가 강한 것으로 알려진 우리나라가 주목해야 할 부분이다.[63]

독일은 의원내각제 제도하에 부처 장관이 법관심사위원회와 함께 법관을 선출하고 대통령이 임명한다. 연방법원과 주 법원이 나뉘어 있으나 기본적인 법관선출방식은 같다. 행정부가 주관하는 사법으로 보고 있으며 일반법원은 법무부 장관이 담당하고 노동과 사회 관련은 노동부 장관이 담당을 한다.[64]

다시 돌아와서 우리나라의 법관은 어떻게 뽑혀야 할까. 그들의 가장 근본적인 존재 이유는 뭘까. 억울한 일이 생기지 않도록 최선의 옳음을 택하는 것이 아닐까. 소수자의 입장을 공감하고 이해할 수 있어야 한다. 여러 가지 측면을 바라볼 수 있고, 가장 적합한 판단을 내려야 한다. 돈과 정치 권력에 의해 판단이 바뀌어서는 안 된다. 국민들에게 존경받을 수 있는 판결을 내려야 한다. 각 분야 전문가들이 고르게 임용되는 방법도 필요하다. 청렴함을 제1순위로 두고, 엄격한 평가를 받을 수 있는 체제를 마련해야 할 것이고, 국민들에 의해 직접 선출되는 것도 좋겠다.

헌법에서 법률로 정한다는 이 단어 앞에 다양함을 수용하고, 청렴함을 기본으로 한다는 등의 가치 기준을 넣어주면 어떨지. 돈이 없는 사람도 얼마든지 판사가 될 수 있는 그런 세상을 헌법이 명시해주면 좋겠다.

희망 제101조

③ 법관은 다양함을 수용하고, 청렴함을 기본으로 하며, 누구나 될 수 있는 조건 위에 자격 기준을 법률로 정한다.

나는 사법부가 권력이 없는 곳이어야 한다고 생각한다. 판사를 뽑는 방식에서 국회, 정부, 사법부가 원하는 방식은 다 다를 것이다. 자신이 가진 권력을 나누어 주려는 주체는 없다고 본다. 사실 그들의 의사가 중요한 것이 아니다. 핵심은 우리들이 어떤 법관을 원하는지이다.

4장 사법부·헌법재판소

헌법재판소의 정당성
이은지

　대한민국 헌정사상 최초로 대통령이 파면된 시점, 국가 원수의 탄핵만큼이나 주목받았던 기관이 있다. 바로 대통령의 탄핵을 선고한 헌법재판소다. 헌법재판소에서 다루는 재판은 개인 간의 논쟁 해결을 위한 민사재판 또는 사회질서를 어지럽히는 범죄 행위를 처벌하기 위한 형사 재판과 다르다. 헌법재판소는 말 그대로 헌법과 관련된 재판 사항을 담당하는 특별재판소이다. 헌법재판소는 헌법을 수호할 뿐만 아니라 헌법상 보장된 기본권을 구제받을 수 있는 최후의 보루로서 기능한다. 또한, 재판에 간접적으로 관여하여 법률을 통제하고 국회, 법원, 정부에 이르기까지 권력을 견제하는 기관으로서 기능한다. 따라서, 헌법재판소의 역할은 국회, 정부, 대법원과의 관계 속에서 정의

될 수 있다. 삼권분립이라는 체계하에 원칙적으로는 대법원이 헌법재판소의 역할을 해야 한다. 실제로 미국의 경우 연방대법원에서 헌법 재판을 담당하고 있다. 그러나 우리나라는 대법원과 헌법재판소가 분리되어 상호 보완, 또는 견제의 기능을 수행한다.

헌법재판소는 1960년 제2공화국 헌법의 등장과 함께 처음으로 도입되었다. 제헌헌법 시기에는 부통령이 위원장을 맡은 헌법위원회를 설치하여 대법관 5명, 국회의원 5명과 함께 위헌법률심사만을 담당하도록 하였다. 이후, 1960년 헌법이 개정되면서 독일식 헌법재판소 제도를 도입하였다. 대통령, 대법원, 국회 상원을 뜻하는 참의원에서 각각 3인씩 선출하여 9명의 심판관이 권한을 부여받았다. 위헌법률심사는 물론 국가기관 간의 권한쟁의 심판, 정당 해산 판결, 탄핵 재판 등의 업무를 담당하도록 하였다. 그러나 5·16 쿠데타로 인해 설치조차 되지 못하였고 실제 제도로 시행되지는 못했다. 그러다 1962년 제3공화국 헌법에서 사법심사제도 아래 각급 법원이 사법심사권을 가지고, 대법원이 헌법재판 기관의 역할을 담당하며 최종 결정을 내리는 식의 운영이 이루어졌다. 1972년 유신헌법에서 다시 헌법위원회를 설치하여 위헌법률심판, 탄핵 심판, 위헌 정당 해산 심판을 담당하도록 하였다. 1987년 제6공화국 「헌법」에서 특별재판소의 형태로 헌법재판소가 도입되면서 오늘날의 헌

법재판소가 시작되었다고 볼 수 있다.[65]

    현행 「헌법」에서는 제111조 ~ 113조 단 3가지 조항을 통해 헌법재판소의 조직구성과 기능에 관해 규정하고 있다. 헌법재판소는 대법원과 마찬가지로 국가 최고의 사법기관이다. 엄밀히 말하면, 헌법재판소는 사법부와 구분되며 독립적으로 조직을 구성한다. 그 기능과 역할에 있어서도 대법원과는 구분되며 상호 독립적으로 보완관계를 이룬다. 헌법재판소는 법원에서 다루는 재판 사항 외에 헌법과 관련한 위헌법률심판, 탄핵심판, 정당해산심판, 권한쟁의심판, 헌법소원심판을 담당한다. 이 중에서 헌법재판소의 가장 핵심 사안이라고 할 수 있는 위헌법률심판제도는 헌법재판소에 제청된 법률이 헌법에 위배되는지 여부를 판단하여, 위헌성이 인정되면 해당 법률의 효력을 정지시킴으로써 헌법의 규범적 효력을 보호하는 것이다. 법률의 위헌심사는 헌법재판소에서 담당하며, 그 외 명령, 규칙, 처분 등의 위헌심사는 대법원에서 담당한다. 재판기관의 특성상 헌법재판소는 정치와 분리되어 있으면서도 그 조직을 구성하는 방식은 상당히 정치적인 성격을 띤다. 헌법재판소는 법관의 자격을 가진 9인으로 구성된다. 절차적으로 9명 모두 대통령이 임명하되, 3명은 국회에서 선출하고, 3명은 대법원장이 지명하는 사람을 임명한다. 헌법재판소의 재판관 선정은 독립성과 관련하여 자주 논의되는 문제 중 하나이다. 겉으로는 입법부, 행정부, 사법부에 동등한 임명권이 부여된 것으로 보이지만, X-ray 처럼 내부를 조금만 더 들여다보면 그 속사정은 조금 다르다. 국회에서는 '여당 1인, 야당 1인, 여야합일로 1인'을 지명한다. 국회 내에서 지명 권한이 나누어지는 것이다. 이와 달리 사법부의 경우 법원 내부적으로 후보자를 선정하는 기구나 절차가 따로 있지 않다. 오로지 대법원장의 지명에 의해 3인이 선출된다. 대법원장은 국민의 투표에 의해 직접 선출되는 국회나 대통령과 달리 대통령이 국회의 동의를 얻어 선출한다. 민주적 정당성이 상대적으로 낮다고 할 수 있다. 그런데도 대법원장은 국회나 대통령과 마찬가지로 재판관 3명에 대한 동일한 임명권을 행사할 수 있다. 무엇보다 대법관은 국회의 동의를 얻어 대통령이 임명하기 때문에 대통령의 영향력 행사로부터 완전히 자유로울 수 없다. 즉, 따지고 보면 대통령 3인, 대통령이 뽑은 대법원장이 3인, 그 외 여당 1명, 야당 1명, 여야합일로 1명 총 9명이 구성된다고 볼 수 있다.

사법의 영역은 본질적으로 정치와는 분리되는 독립적인 영역이다. 그러나 입법과 행정의 정치적 테두리 안에서만 이루어졌던 사회적 논의들이 최근 헌법재판소라는 사법의 영역에서도 다루어지고 있다. 헌법재판소가 내린 결정은 국민의 삶뿐만 아니라 나라의 정치적 운명에도 막대한 영향력을 행사한다. 헌법재판소는 호주제, 간통죄, 낙태죄, 양심적 병역 거부 등 국민의 삶과 직결되는 문제에 대해 헌법에 위배되지 않는지에 대한 판단을 내린다. 이는 국회의 입법 활동을 견제하고 때로는 무효화할 정도로 막강한 힘을 지닌다. 또한, 정부가 나아가야 할 정책의 방향성을 제시하기도 한다. 뿐만 아니라 통합진보당 정당 해산, 두 명의 대통령에 대한 탄핵 심판 등 정치적 주요 사안에 대한 최종 판결권을 행사할 수 있다. 헌법재판소의 결정. 즉, 헌법에 합치되는지를 따지는 것은 사회가 합의한 '가치'에 대한 사안을 판단하는 것이다. 따라서, 이 판결에 대한 민주적 정당성을 확보하는 것 역시 중요한 문제가 된다. 헌법재판소의 역할과 기능이 민주주의의 발전, 시민들의 민주적 의식 향상과 함께 확대됐듯, 헌법재판소의 앞날은 이제부터 시작이다. 헌법재판소 재판관 임명 절차에 대한 논의는 더 나아갈 민주 사회를 위한 주요한 과제로 남아있다.

4장 사법부·헌법재판소

결정(決定)*하셨으면 주문(主文)**하세요.

마주

* : 법원이 행하는 판결·명령 이외의 재판.

** : 판결의 결론 부분. 선고할 때 이 부분은 반드시 낭독하여야 한다.

오늘날 우리가 마주하는 헌법은 1987년 10월 29일 개정된 헌법 제10호이다. 헌법은 국가의 모든 하위 법령을 아우르는 기본적이고 으뜸가는 법으로서 입법부, 행정부, 사법부 등 모든 국가기관은 헌법을 준수해야 한다.

법률관계에 다툼이 발생한 경우, 대체로 법원의 재판을 통하여 누구에게 어떠한 내용의 권리가 있는지를 확정하여 그 다툼을 해결한다. 그런데 그러한 법률관계의 근거가 되는 법률이 헌법에 위반되는 잘못이 있다고 주장하거나, 국민에게 의무를 지우거나 국민의 자유를 제한하는 국가 공권력의 작용이 헌법에 위반된다고 다툴 때가 있다. 이때에는 법원의 재판을 통하여 해결하는 것이 아니라, 헌법에 정한 권한 있는 재판기관이 판단한다. 무엇이 헌법에 합치되는 것이고 합치되지 않는 것인지 판단하고 헌법에 반하는 법률조항이나 공권력 행사를 바로잡음으로써 해결하는 것, 바로 헌법재판이다.[66]

헌법재판소는 아래와 같은 일을 전담하면서 다음과 같은 권한을 행사할 수 있다.

1. 법원의 제청에 의한 법률의 위헌여부 심판

2. 탄핵의 심판

3. 정당의 해산 심판

4. 국가기관 상호간, 국가기관과 지방자치단체간 및 지방자치단체 상호간의 권한쟁의에 관한 심판

5. 법률이 정하는 헌법소원에 관한 심판

헌법재판소란 이름 때문에 헌법을 심사하는 곳이라 생각할 수 있다. 하지만 그렇지 않다. 헌법 규범 간에 무엇이 더 규범적으로 우월한가를 인정할 수

없기에 하나의 헌법 규정을 근거로 다른 헌법 규정의 효력을 부인하는 것은 불가능하다. 헌법 규정 자체가 부당하다 느껴질 때는 개헌이 유일한 해결방법이다. 헌법 제128조 1항에서처럼 헌법개정은 국회 재적의원 과반수 또는 대통령의 발의로 제안할 수 있다. 헌법 제129조, 제안된 헌법개정안은 대통령이 20일 이상의 기간 이를 공고하여야 하며 헌법 제130조의 과정을 거쳐 헌법개정이 확정된다.

제130조 1항 국회는 헌법개정안이 공고된 날로부터 60일 이내에 의결하여야 하며, 국회의 의결은 재적의원 3분의 2 이상의 찬성을 얻어야 한다.
2항 헌법개정안은 국회가 의결한 후 30일 이내에 국민투표에 붙여 국회의원선거권자 과반수의 투표와 투표자 과반수의 찬성을 얻어야 한다.
3항 헌법개정안이 제2항의 찬성을 얻은 때에는 헌법개정은 확정되며, 대통령은 즉시 이를 공포하여야 한다.

헌법재판소(헌재)는 대한민국 5부 기관 중 하나로, 국회·정부·대법원·중앙선거관리위원회와 함께 헌법에 따라 설치되고 운영된다. 대한민국의 헌법재판을 전담하는 헌법기관이며 입법·행정·사법 어디에도 속하지 않는 독립된 곳이다. 헌법 제 111조 2항과 3항에서 헌법재판소는 법관의 자격을 가진

9인의 재판관의 구성권을 입법부, 행정부, 사법부가 나누어 행사하도록 되어 있다. 대통령은 재판관 9명 전원에 대한 임명권을 가지지만 3인은 국회에서 선출하는 자를, 3인은 대법원장이 지명하는 자를 임명하도록 되어 있다. 헌법재판소 재판관은 정당에 가입하거나 정치에 관여할 수 없다.(제112조 2항) 이처럼 독립성이 중시되는 헌법재판소 재판관을 구성하는 방식에 대해 다른 방법을 제시한 경우가 있다. 아래 기사들을 살펴보자.

헌재연구원은 자료에서 "현실 정치나 사회의 지형이 헌재 결정에 의해 크게 영향을 받는 일이 잦아지고 있다"며 "헌재 구성방식 등에 관한 문제가 새로운 국면을 맞고 있다"고 지적했다. 그러면서 "가능한 한 재판관으로서의 독립성을 갖출 수 있는 자질을 가진 인물을 재판관으로 선출하기 위한 방식이 마련돼야 한다"고 강조했다.[*]

"헌법을 바꾸기 전까지는 어쨌든 법관 자격을 가진 사람들을 재판관에 임명할 수밖에 없는데, 이런 상황에서도 헌법재판소 구성을 다양화하려고 끊임없이 노력할 필요가 있습니다."[**]

---

[*] 「헌재도 인정한 재판관 구성 문제점…"독립성 부족"」, 연합뉴스, 2014. 12. 29.
[**] 「헌법재판관에 정치중립 인물? 4선 의원이 한 적도 있다」, 한겨레, 2017. 9. 3.

'사회적 다양성을 반영하지 아니하는 특정 사회계층이 헌법 재판권을 전유하면서 헌법의 최종해석권을 행사하게 될 경우 사회적 다양성과 변화를 반영하는 데 소홀할 위험성이 높다.'

나 역시 이 기사들이 주목한 핵심에 동의한다. 삼권분립에 입각한 선출 방식으로 짐작되나, 헌법재판관들이 법의 전문가들로만 구성되어 있다 보니 국민 삶 전반의 문제를 다루기에는 다소 전문성과 개방성이 떨어진다고 생각한다. 자문기구를 두어 의견을 받거나 심판에 일정 부분 관여할 수 있는 사람을 선출하는 방법은 어떨까? 결국 사람이 생각하고 판단하는 일이라서 완벽할 순 없다. 그러니 전방위에서 활동한 전문가들과 함께 통찰력을 보태어보자. 헌법에 대한 바른 이해로 결정을 주문하여 흠이 나거나 책잡힐 사례가 남지 않았으면 한다.

헌법소원심판의 각종 심판 절차에서 재판부가 심리를 마친 때 하는 결정에는 대표적으로 세 가지가 있다. 청구한 심판이 부적법한 경우에 하는 각하결정, 심판청구가 이유 없는 경우에 하는 기각결정(합헌), 심판청구가 이유 있는 경우에 하는 인용결정(위헌)을 내려 주문한다. 이 외에도 위헌이지만 당장 효

* 「[강효백의 新경세유표 32] 헌법재판관의 자격을 개방하고 정원을 늘려라」, 아주경제, 2020. 12. 8.

력을 상실시키면 사회적인 혼란이 발생할 것을 우려하여 법조문을 그대로 남겨 둔 채 입법기관이 새로 법을 개정하거나 폐지할 때까지 효력을 중지시키거나 시한을 정해 법 규정을 잠정적으로 존속시키는 등 여러 가지 변형 결정을 내리기도 한다. 이 경우 국회와 행정부는 헌재가 제시한 기간에 해당 법률을 개정해야 한다. 만약 헌재의 제시 기한까지 법률 개정이 이뤄지지 않으면, 해당 법률의 효력은 사라진다.

헌법재판소에서 법률의 위헌결정, 탄핵의 결정, 정당 해산의 결정 또는 헌법소원에 관한 인용결정을 할 때에는 재판관 6인 이상의 찬성이 있어야 한다(제113조 1항). 만약 재판관의 의견이 위헌, 헌법불합치, 한정위헌, 합헌 등으로 분리되어 한 의견만으로는 의결정족수(의논 사항을 진행하고 결정하는 데에 필요한 최소한의 출석 인원)를 충족시킬 수 없는 경우에는 어떻게 판단할까? 법원조직법 제66조(합의의 방법)에 따라 청구인에게 가장 유리한 견해를 낸 재판관 수에 그 다음으로 유리한 견해 수를 더했을 때 정족수에 이른 견해를 헌법재판소의 견해로 보고 있다.

예를 들면, 위헌법률심판에 있어 평의결과 관여재판관의 의견이 위헌 2인, 헌법불합치 2인, 한정합헌 2인, 합헌 3인(청구인에게 유리한 순서는 위헌-헌법불합치-한정합헌-합헌 순)으로 나누어진 경우, 청구인에게 가장 유리한 견해인 위헌의 견해를 가진 수(2인)에 순차로 유리한 견해의 수(헌법불합치 2인, 한정합헌 2인)를 더하여 정족수를 만족하는 6인이 되었을 때의 견해인 '한정합헌'으로 주문이 결정되게 된다.[67]

최근 사실적시에 의한 명예훼손죄가 표현의 자유를 침해했는지를 다투는 헌법소원심판이 내 시선을 끌었다. 여기서 사실적시란 실제로 있었던 일을 공공연하게 지적하여 보이는 것을 말한다. 이 사건의 청구인은 반려견에 대한 부당한 진료행위를 구체적으로 적시하려 했으나 형사처벌의 위험성을 인지하고는 고발을 포기하는 대신 표현의 자유가 침해된다며 법률조항의 위헌확인을 구했다.

[심판대상 조항]
형법 제307조(명예훼손) 1항 공연히 사실을 적시하여 사람의 명예를 훼손한 자는 2년 이하의 징역이나 금고 또는 500만 원 이하의 벌금에 처한다.

[관련 조항]
형법 제310조(위법성의 조각) 제307조 제1항의 행위가 진실한 사실로서 오로지 공공의 이익에 관한 때에는 처벌하지 아니한다.

[기본권 관련 조항]

헌법 제17조 모든 국민은 사생활의 비밀과 자유를 침해받지 아니한다.

헌법 제21조 1항 모든 국민은 언론·출판의 자유와 집회·결사의 자유를 가진다.

해당 사건은 2017년 10월 헌법재판소에 접수되었고 2020년 9월 청구인 및 이해관계인의 변론과 참고인의 진술을 듣는 공개 변론을 거쳐 2021년 2월, 사실적시 명예훼손죄가 헌법에 위배되지 않는다는 선고가 내려졌다. 헌재는 명예가 훼손되면 완전한 회복이 어렵다고 판단, 심판대상 조항이 개인의 명예를 보호하기 위한 것이므로 입법 목적의 정당성이 있다고 보았다. 그리고 헌법이 표현의 자유와 한계로 타인의 명예와 권리를 선언하고 동시에 민·형사상 절차에 따르지 않은 채 공연히 사실을 적시하여 가해자의 명예를 훼손하려는 것은 가해자의 사적 제재수단으로 악용될 수 있다고 판단했다.[68]

과거에도 여러 차례 사실적시 명예훼손 헌법소원이 있었다. 상황은 조금씩 달랐지만, 헌법이 보장하는 기본권인 '표현의 자유'와 또 다른 기본권인 '명예와 사생활의 비밀 보호'(인격권)가 충돌하는 문제에서 지금까지 우리 법의 대답은 '처벌해야 한다'였다. 명예훼손을 형법상 죄로 규정하고 처벌하는 나라는 많지 않다.[69] 이에 유엔 산하 시민적·정치적 권리에 관한 국제규약위원회

(ICCPR)는 2015년 11월 한국 정부에 사실적시 명예훼손죄를 폐지하라고 권고하는 최종 심의 보고서를 채택했다.[70]

이 사건에 대한 당신의 생각은 어떠한가?

헌법재판소의 휘장은 무궁화 외형 중앙에서 공정한 빛이 확산되는 모습이다. 헌법을 수호함으로써 국가의 근본을 굳게 지키고 든든하게 받쳐주는 기둥 이미지와 국민의 기본권을 보장함으로써 진정한 민주주의를 실현해 나아가는 빛이 확산되는 열린 문의 모습이 헌법재판소의 상징문양이다. 헌법의 정신과 원리가 국민의 삶 속에 온전히 실현되도록 하겠다는 헌법재판소의 다짐이 담겨 있는 듯하다.

헌법재판소여, 그대의 존재와 사명이 유구한 역사와 전통에 빛나는 대한민국을 향하기를! 헌법으로서 결정(決定)하자. 그리고 헌법으로써 주문(注文)하자.

5장. 경제

최노멀
조세 납부의 의무라, 저는 준조세가 더 부담돼요
마주
현재를 깨치며 살아가는 법
최노멀
공공기관의 의결권 행사는 사기업의 경영 통제 아닐까요?
최노멀
응답하라 경자유전

5장 경제

조세 납부의 의무라, 저는 준조세가 더 부담돼요

최노멀

국민은 세금을 납부할 의무가 있다. 그리고 세금은 다양한 방식으로 거두어진다. 거래마다 원천징수되어 공기처럼 자연스럽게 느껴지는 부가가치세나 부동산 등의 취득 시 납부하는 취득세, 상속 시에 발생하는 상속세 등 다양한 세금이 있다. 이것들 중 국민들이 생각하는 세금이라는 이미지에 가장 어울리는 것은 벌어들이는 소득의 일부를 납부해야 하는 소득세일 것이다.

소득세는 다양한 공제와 누진제적 성격으로 인하여 소득이 많지 않은 대다수의 국민들에게 부담이 크지는 않다. 국회예산정책처에 따르면 2018년 근로자의 39%는 소득세를 전혀 부담하지 않았다.[71] 39%의 사람들이 소득세를 부담하지 않음에도 불구하고 대부분의 사람들은 계약서에 적힌 급여보다 적은 금액을 실제로 받게 된다. 매월 원천징수한 후 연말에 정산하는 소득세 때문이기도 하지만 4대 보험 등 각종 '준조세'의 영향이 크다. 준조세의 개념 및 범위에 대해서 통일된 개념이 정립된 것은 아니나 일반적으로 세금은 아니나 반드시 부담해야 하는 부담금을 말한다.[72]

잘 알려진 준조세는 4대 보험이다. 흔히 말하는 4대 보험이란 노령과 장애 등의 사유 발생 시 연금을 지급하는 국민연금, 의료기관 이용 시 의료비를 지급하는 건강보험, 실업급여를 지급하거나 구직활동을 지원하는 고용보험, 산업재해 발생 시 지급하는 산재보험이다. 소득세와 달리 다양한 공제가 적용되지 않고, 누진제도 아니다. 정해진 보험료율을 소득에서 납부하게 된다. 고소득자 위주로만 인상되는 소득세와 달리 4대 보험의 보험료율은 매년 조금씩 늘어나고 대부분의 국민들에게 동일하게 적용된다.

2020년 월 소득 31만 원 이상 486만 원 이하 근로자는 국민연금 4.5%, 건강보험(장기요양보험료 포함) 약 3.68%, 고용보험 0.8%로 소득의 약 9%를 내게 된다. 사업주가 부담하는 산재보험 등을 합치면 사업주 입장에서는 근로자를 위해 지출하는 금액의 20% 이상을 준조세로 부담하고 있는 것이다.

4대 보험 등 준조세는 많은 개인들에게 세금 이상의 부담인데, 문제는 강제로 가입하고 매달 부담금을 납부해야하는 4대 보험의 수혜 가능성이 불투명하다는 것이다. 2020년 6월 22일 국회예산정책처에 따르면 국민연금은 2039년 적자로 전환되고 2055년에는 고갈될 것이라고 한다.[73] 앞서 2018년 분석에서는 2042년 적자 전환, 2057년 기금고갈을 예상하였는데 상황이 더 악화한 것이다. 국민연금의 개혁 필요성은 정권마다 대두되지만, 아무런 해결 방안이 제시되고 있지 않다. 상황이 이렇다 보니 준조세에 대한 국민 여론은 나날이 악화되기만 하고 있다. 이대로 간다면 2050년 이후 노후를 맞이할 밀레니얼 이하의 세대들은 매달 4.5% 이상의 개인 부담분 국민연금을 납부하고 아무런 혜택을 받지 못하게 될 것이다.

국가가 국민들을 상대로 보험사기를 행하고 있다는 의심을 받지 않기 위해서는 헌법에서 조세의 납부 의무와 함께 준조세 납부 의무, 납부한 돈에 대해 국가로부터 보장받을 권리가 있어야 하지 않을까? 준조세를 납부해야할 의무가 헌법에 있다면 정부와 국회가 이를 보장하기 위해 힘써야 한다고 느끼게 될 것이다.

5장 경제

현재를 깨치며 살아가는 법
마주

경제가 어렵다. 언제쯤 나아질까.

밤새워 일해도 계층 상승이 힘든 현실을 빗대어 나온 수저론을 기억하는가. 재력을 계급화하여 수저로 빗댄 단어가 아직도 사용되고 있다. 경제적, 사회적 압박으로 인해 스스로 돌볼 여유가 없다는 이유로, 자연수 n에 내던질 포(抛) 자를 접미어로 써 붙이며 몇 가지를 포기했는지를 일컫는 말도 여전히 사용된다. 건물을 가지고 있으면 일을 하지 않고도 월세로 먹고살 수 있다며 '조물주 위에 건물주'라는 말이 탄생했고 장래 희망으로 건물주를 꿈꾸며 살아가는 사람도 있다. 어쩐지 깊게 숨을 들이마셨다가 가늘게 내뱉게 된다.

라디오 뉴스에서 경기침체와 수요 위축 등으로 초 저물가 현상이 이어지고 있다는 소식이 나온다. 물가가 낮다고? 동의할 수가 없었다. 계란이며 굴이며 돼지고기, 사과에 파까지! 내가 좋아하는 식자재가 모두 올랐다.[74] 해가 바뀐 지 얼마 안 되었으니까 조금 오른 거겠지 했고, 설날을 앞두고는 명절이니까 비싼 거겠지 싶었다. 연휴가 끝나고도 웬걸? 올라간 가격은 내려올 마음이 없어 보이고 갈수록 장바구니에 담는 물건이 줄어든다.

불경기로 벌이는 적어지는데 지출은 그대로이고, 그러다 보니 여윳돈도 줄어든다. 특히 코로나19 확산과 가계의 소득 여건이 개선되는 속도가 느려지면서 가계 소비가 위축되고 가계 저축률이 높은 수준으로 상승할 것이라는 전망이 나왔다.[75] 불확실성이 확대되는 상황에서의 가계 저축은 금이나 채권 같은 안전자산에 편중될 가능성이 높고, 소비 부진의 장기화가 이어지면서 경기가 침체 상황일 때 행하는 내수 부양 정책 효과가 떨어질 수도 있다. 한국은행은 저성장·저물가·저금리 현상이 사회적으로 새로운 표준이 되는, 즉 뉴노멀이 될 가능성을 얘기한다.[76]

영끌(영혼까지 끌어다 투자)·빚투(빚내서 투자) 등으로 가계대출 역시 높아지면서 위험한 투자에도 서슴없는 청년들이 늘고 있다. 2021년에도 '부자가 되는 방법'이나 '재테크 투자 성공비결' 등의 이름을 단 책과 동영상이 쏟아져 나오고 있고 각종 투자 방법에 관심이 높아지면서 사람들이 몰리고 있다.

금융 지식과 투자 안목이 뛰어나야지만 도전할 수 있을 것 같았던 주식은 어느새 내 주변인들의 일상에 깊숙이 자리 잡고 있다. 우리나라 주식시장은 전쟁이 끝나고 전쟁 이후 도시를 복구하고 경제를 부흥시키기 위한 투자 재원을 조달하기 위해 1953년 11월 현대적 의미의 증권거래소가 생기게 되었다. 당시에는 증권사를 대신해 나온 직원이 거래 의사가 있는지를 묻고, 상대방이 의사가 있으면 수량과 가격을 손과 소리 등으로 표시해 거래를 체결하는 방식이었다.[77] 지금은 컴퓨터나 휴대전화만으로도 간단하게 주식을 사고팔 수 있는 세상이다.

제119조 1항 대한민국의 경제질서는 개인과 기업의 경제상의 자유와 창의를 존중함을 기본으로 한다.

주식시장 자체는 '기회'라는 측면으로는 누구한테나 공정하지만 '결과'로는 모두에게 공정하지 않다. 정보와 시기, 회사의 상태 등 많은 변수에 의해 수익 차이가 난다. 내가 보유한 종목들에 관한 정리한 정보를 토대로 어떻게 투자하고 관리할지에 따라 노력의 산물이 되기도 한다. 코로나19로 증시가 요동칠 무렵 국내 개인투자자들이 기관과 외국인에 맞서 국내 주식을 대거 사들인 상황을 두고 동학개미운동이라는 신조어도 생겨났다. 한 리서치 회사에서 2020

년 11월 27일부터 30일까지 전국 만 18세 이상 남녀 1,000명을 대상으로 코로나19와 주식 투자의 연관성에 대해 설문조사를 했다. 아래는 조사 결과 주요 내용이다.[78]

가. 현 주식 투자자 3명 중 1명이 코로나19 확산 이후 주식을 시작했으며, 특히 20·30대에서 2018년 대비 주식 투자자가 증가했다.

나. 주식을 시작한 이유로는 다른 재테크 방식에 비해 고수익을 얻을 수 있기 때문이라는 응답이 가장 많았다.

다. 응답자들은 코로나19 이후 주식 열풍의 원인으로 '예금·적금만으로 재산을 늘릴 수 없는 제로금리시대'인 경제적 상황을 꼽았다.

미국 경제 전문지인 블룸버그에서는 'Broke Millennials Turn to Day Trading to Strike It Rich in Korea(일확천금 바라며 당일치기 주식 매매에 의탁하는 빈털터리 밀레니얼 세대)'라는 제목으로 한국 젊은이들의 암담한 현실을 전하기도 했다.[79]

모 대기업이 28일 잉여현금흐름의 50%를 주주에게 환원한다는 기존 주주환원 정책에 맞춰 특별 배당을 진행한다는 보도자료를 접했다. 그 회사 주식을 가지고 있는 사람들이 그 소유 지분에 따라 기업이 이윤을 분배하는 돈을 받게 된다는 이야기다. 듣기만 해도 내 곳간이 채워지는 기분….과 함께 부러웠다. 기업에서 한 장의 증권을 여러 개의 소액증권으로 분할하면서 주식 1주의 액면가가 낮아졌고, 예전보다 개인 투자자들이 구매하기 쉬워졌다. 분명 내 주변인 중에도 지분이 있어 저 배당금을 받는 사람들이 있을 것이다. 브랜드 가치가 높은 기업의 주식이니 돈 많은 사람은 장래가 밝다며 많이 사두었을 테고, 아마 야호 소리를 질렀을 것이다.

주주 친구들이 우스갯소리로 돈 생기면 어디 주식을 사야 한다고 말한다. 요즘은 관련주다 테마주다 하면서 어떤 인물이 뭘 했는지, 무슨 물건이 어디에 사용되는지, 어느 회사가 어떤 실적을 올렸는지에 따라 주식 항목이 오르내리기를 반복한다. 모쪼록 회사가 어떤지, 우량이 있는 회사인지, 직원들은 얼마나 성실한지 따져보고 주식 투자에 손을 대야 할 것이다.

> 제119조 2항 (전략) 경제주체 간의 조화를 통한 경제의 민주화를 위하여 경제에 관한 규제와 조정을 할 수 있다.

주택전세가격은 수급불균형에 대한 우려가 심화되면서 상승 폭이 커지고 있다. 부동산이란 말을 들으면 머릿속에 투자와 투기가 동시에 떠오른다. 투자와 투기 모두 이익을 보려 하는 것은 같지만, 투자는 '생산적인 활동'이 반영되고 투기는 '생산적 활동과 상관없이' 오로지 이익만을 위한다는 점에서 차이가 있다. 부동산에서 투자와 투기의 명확한 개념 규정이 어렵기 때문에 금전 투입 행위가 실제 수요자의 행위인지 거짓 수요자의 행위인지, 이용 관리할 의사가 있는지 없는지, 안정성과 합리성을 추구하는지 모험적이고 도박적인지 등에 따라 투자와 투기가 구분되기도 한다.[80]

땅과 건물은 면적에 따라 다양한 단위로 매겨진 돈이 거래되고 때로는 입이 떡 벌어지기도 한다. 매매되는 금액을 들어보면 보통 몇억은 있어야 한다. 만약 월급이 200만 원이고 한 푼도 쓰지 않고 모은다고 가정했을 때, 1억을 모으려면 4년 2개월이 걸린다. 그런데 월급을 한 푼도 안 쓰며 사는 것은 불가능하다. 월급의 절반은 생활비로 쓰고 나머지 절반만 모은다고 가정한다면 기간은 두 배로 늘어나 8년 4개월이 필요하다. 고정 지출을 생각한다면 100만 원으로 한 달을 버티는 것마저 쉬운 일이 아니다. 내 집 마련을 하기 위해서는 몇억을, 아니 몇십 년을 투자해야 하는 걸까? 그렇게까지 해야 하는 걸까? 그렇게 할 수 있긴 한 걸까? 한참 계산 밖의 일이다. 사람이 살아가는데 필수적인 의식주 중 하나가 집인데도 기초적인 생활을 할 요건을 충족시키기가 여간 어려운 일이 아니다. 거품 없는 가격으로 집을 사고 그 안에 살고 싶다.

제120조 2항 국토와 자원은 국가의 보호를 받으며, 국가는 그 균형있는 개발과 이용을 위하여 필요한 계획을 수립한다.

제122조 국가는 국민 모두의 생산 및 생활의 기반이 되는 국토의 효율적이고 균형있는 이용·개발과 보전을 위하여 법률이 정하는 바에 의하여 그에 관한 필요한 제한과 의무를 과할 수 있다.

실제로 몇 년째 서울에 살며 일하는 친구는 전세가 씨가 말랐다고 말한다. 매매나 전세나 큰 금액 차이가 없고 월세로는 도저히 돈을 모을 수가 없다는 말이 수화기 너머 전해진다. 당장 내가 사는 이 지역도 수도권과 정도의 차이만 있을 뿐 상황이 다르지 않다. 곳곳에 아파트 공사가 진행 중인데도 살 집을 구하기란 쉽지 않다. 시장에서 외면받던 미분양 아파트들이 빠르게 소진중이고, 가격 상승, 물량 소진 등에 대한 불안으로 가격과 관계없이 생필품이나 주식, 부동산 등을 사들이는 현상은 심화되고 있다. 정부는 투기지역, 투기과열지구, 부동산 조정대상지역을 지정하며 집값 안정을 위해 노력하고 있으나 발 빠른 말을 어디에서 듣는지 일부 사람들은 이미 사들이고 되팔기를 반복하는 모양새다. 집을 사기 위해 전세자금대출을 받고, 살다가 목돈이 필요하면 주택을 담보로 대출받는 상황이 반복된다. 슬픈 것은 이마저도 경제력이 크지 않으면 꿈도 못 꾼다는 점이다.

벚꽃이 피고 크리스마스가 되면 여러 매체로부터 흘러나오는 노래가 있다. 그 노래가 재생되면 저작권료가 발생하고 해당 저작권자에게 수익이 돌아간다. 계절이 1년 단위로 돌아오듯 그들에게도 연금처럼 지급받는 급여가 생긴다. 이른바 '벚꽃 연금', '캐럴 연금'이다. 일정 기간마다 지급되는 돈을 뜻하는 연금은 크게 3가지로 나뉜다. 국민연금과 같이 정부가 국민들의 기본적인 생활 보장을 위해 실시하는 공적 연금, 근로자의 안정적인 노후생활을 위해 기업이 근로자가 재직하는 동안 퇴직금을 외부 금융기관에 적립하여 근로자가 퇴직할 때 지급하는 퇴직연금, 개인연금으로도 불리며 개인이 여유 있는 생활을 위해 선택적으로 가입하는 사적 연금이 있다.

한국 인구의 기대수명은 1970년 62.3세에서 2019년 83.3세로 21년 늘어났다.[81] 인구학적인 관점에서는 만 15세부터 64세까지를 생산가능인구의 나이로 보니 은퇴 후 약 20년 가까이 더 산다는 말이 된다. 각종 기술이 발달하면서 우리의 삶은 더욱 길어질 수 있다. 그래서 연금이 노후 설계, 노후 보장에 큰 영향을 미치며 특히 국민연금과 같은 종신연금은 노후 안전망의 역할을 한다. 현재 국내에 거주하는 18세 이상 60세 미만의 소득 있는 사람은 국민연금 의무가입 대상이다. 그리고 국가는 빈곤 해소의 문제를 조세 등을 통해 해결한다.

국민연금 강제 가입·징수 논란에 헌법소원이 제기된 적이 있었다. 헌법재판소는 당시 결정문에서 "국민연금은 반대급부 없이 국가에서 강제로 징수하는 조세와는 성격을 달리하는 것으로, 국민의 생활 보장과 복지증진을 기하는 공익목적의 제도이기 때문에 헌법 취지에 위배되지 않는다"고 했다.[82]

제119조 2항 국가는 균형 있는 국민경제의 성장 및 안정과 적정한 소득의 분배를 유지하고, (후략)

나는 공적 연금을 '국가는 사회보장·사회복지의 증진에 노력할 의무를 진다(제34조 2항)'의 경제 버전이라고 생각한다. 이는 제119조 2항과도 연관된다. 국민연금은 매년 물가 상승률을 반영해 연금 수령액이 올라간다는 장점이 있다. 하지만 국민연금 재정 고갈 시기가 앞당겨진다는 말이 들릴 때마다 내기만 하고 못 받을까 마음을 졸인다. 향후 정부와 공단에서 얼마나 자금을 잘 운용하고 관리하느냐에 따라 국민연금의 인기가 달라질 것 같다. 연금공단의 현명한 투자를 기원한다.

노동을 통해 자산을 축적하는 것보다 물가·집값 상승이 더 빨라서 현실에 대한 기대를 버리고 복권을 사는 사람이 많아지고 있다.[83] 동네에 복권 명당가게가 있는데 지나면서 간판에 1등 당첨 횟수가 바뀐 것만 10번 정도 본 것 같다. 앞자리가 바뀌면서 추첨일 당일에는 차량이 몰려 하위차로 2개가 마비되더니 언제부터 주차관리 요원이 경광봉으로 교통정리를 하고 있었다. 매주 조그만 희망이라도 붙잡아보고 싶어서, 사람 일은 또 모르는 것이라서, 그날 커피 한 잔 안 사 먹었다고 생각하면 큰 부담이 아니라서 100% 운에 맡기며 복권을 사는지도 모른다. 부자가 되기를 꿈꾸며 이 순간에도 누군가는 지불한다.

최근에 모바일 기기로 작은 재테크를 시작했다. 일명 앱테크(애플리케이션+재테크)로, 기사를 읽거나 영상을 보고 하루 동안 걸은 수를 합해 포인트로 적립하는 중이다. 잠금화면을 해제할 때 나오는 광고를 보거나 앱이 소개하는 다른 앱을 설치해 실행하면 포인트를 적립할 수 있다. 일정 금액 이상 포인트를 쌓으면 상품을 구매할 수 있고 현금으로 받을 수도 있어서 적립과 보상 기능을 잘 활용해 생필품 구매할 때 사용한다.

요즘은 금융투자 상품을 불필요한 낭비를 막자는 의미에서 짠테크 형식으로 투자하는 경우도 늘고 있다. 소액으로 펀드나 부동산에 투자하거나 해외주식을 천원 단위로 쪼개 사는 것이 가능하며, 금융 상품권 등을 통해 본인은 물론 누군가에게 소액 투자 기회를 선물할 수도 있다.[84] 오늘도 나는 여러 가지 방법으로 손바닥 경제를 깨우치고 있다.

지역에서 작은 사업체를 운영하는 나에게 헌법 제123조는 기대할 만한 내용을 담고 있다.

제123조 2항 국가는 지역간의 균형있는 발전을 위하여 지역경제를 육성할 의무를 진다.
3항 국가는 중소기업을 보호·육성하여야 한다.

대표적으로 규제 샌드박스가 있다. 사업자가 새로운 제품, 서비스에 대해 규제 샌드박스 적용을 신청하면 법령을 개정하지 않고도 심사를 거쳐 시범 사업, 임시 허가 등으로 규제를 면제, 유예해주는 제도이다. 규제로 인해 출시할 수 없었던 상품을 빠르게 시장에 내놓을 수 있도록 한 후 문제가 있으면 사후 규제하는 방식이라 사업 컨설팅과 아이디어 구현, 시제품 제작과 제품 상용화에 속도를 낼 수 있다. 내게도 적용할 수 있는 제도라 아주 반갑다. 또한, 중소벤처기업부는 지역균형 뉴딜 촉진을 위한 지역혁신 중소기업 육성전략을 통해 지역을 기반으로 성장하는 선도기업을 육성하고 국가 균형 발전에도 일조하겠다고 약속했다.[85]

국가가 국민을 위하여 의무를 지는 것처럼 국민 역시 국가에 대한 의무를 다하며 권리를 주장해야 한다. 세상에 공짜는 없다. 돈이 돈을 번다고, 돈이 많은 사람이 돈을 벌 기회가 더 많아지는 것은 시장경제에서 당연한 일일지도 모른다. 나는 경제 어린이를 졸업하고 어른이 되기로 했다. 한 번에 큰돈을 바라는 욕심을 버리고 차근차근 올라가는 법을 알아가는 중이다. 불필요한 소비를 줄여 저축을 늘려가고 투자도 하는 부자가 되기로 마음을 먹었다.

자유와 창의를 바탕으로 열린 시장을 존중하는 대한민국에서 국민 모두가 쓰는 재미만큼 모으는 재미를, 아끼는 즐거움 뒤에 베푸는 경제적 즐거움을 알게 되었으면 한다.

오늘도 나는 현재를 깨치며 살아가는 법을 헌법을 통해 배우고 있다.

공공기관의 의결권 행사는 사기업의 경영 통제 아닐까요?

최노멀

상법상 주식회사는 매년 1회 이상 회사의 주인인 주주들을 소집해 주주총회를 실시해야 한다. 사업보고서의 제출기한은 사업연도 경과 후 90일 이내이며, 대부분의 한국 기업은 12월 말을 기준으로 회계 결산을 수행하기 때문에 정기 주주총회는 재무제표의 승인과 배당금의 결정 등을 목적으로 3월 중에 진행한다. 정기 주주총회가 이루어지는 3월이 되면 국민연금공단과 산업은행 등 공공기관의 의결권 행사에 대해 비판하는 목소리를 들을 수 있다(예시 : 「132조 굴리는 국민연금, 의결권 자문엔 1억 써」, 한국경제, 2020. 3. 1.). 사기업에 대한 국가의 과도한 간섭을 비판하는 것이다. 헌법에서도 국가가 사기업의 경영을 통제 또는 관리하는 것을 금지하고 있는데 내용은 다음과 같다.

제126조

국방상 또는 국민경제상 긴절한 필요로 인하여 법률이 정하는 경우를 제외하고는, 사영기업을 국유 또는 공유로 이전하거나 그 경영을 통제 또는 관리 할 수 없다.

매번 공공기관의 의결권 행사로 이슈가 되는 국민연금공단은 명실상부 대한민국 최대의 투자기관이다. 전 국민 소득의 일부를 거두어 자산을 운용하니 어쩌면 당연하다. 공공기관 경영정보 공시 시스템에 따르면 2019년 말 기준 국민연금공단의 자산운용규모는 약 737조 원이며, 이 중 국내 주식시장에 운용되는 금액은 약 132조로 국내 주식시장 시가총액의 7%에 달한다. 대한민국 대표 기업인 삼성전자의 지분도 약 10% 보유한 최대주주이다. 삼성전자 이외에도 수많은 국내외 기업들의 대주주로서 막대한 의사결정 능력을 보유한 것이 국민연금공단이다. 국민연금공단이 의결권을 어떻게 행사하느냐에 따라 다른 주주들과 관련자들에게 큰 영향을 줄 수 있다.

국민연금공단은 국민들의 기여금을 통해 운용되기 때문에 국민들의 기여금에 이익이 되는 방향으로 의결권이 행사되어야 한다. 하지만 때로 국민들이 이해하지 못하는 결정을 한다. 국민연금공단의 대표자인 이사장의 인사권은 청와대가 가지고 있기 때문에 국민들의 이익보다 당시 정권의 입맛에 맞는 의결권 행사를 할 수 있다는 문제점이 존재한다.

국민들의 지탄을 받았던 대표적인 의결권 행사는 삼성물산과 제일모직 간의 합병에서 국민연금공단이 찬성표를 던진 건이다. 2015년 당시 제일모직과 삼성물산을 1 : 0.35로 합병하는 계획을 발표했는데, 이는 삼성물산 주식을 과도하게 저평가하여 삼성물산 주주들에게 큰 손해가 되는 계획이었다. 그렇기 때문에 대부분의 삼성물산의 주주들은 합병을 반대하며 더 높은 합병 비율을 요구했다. 합병은 단기간에 이루어지지 않을 것으로 보였다. 하지만 1 : 0.35의 비율 그대로 제일모직과 삼성물산은 합병하게 된다. 삼성물산의 지분 11.21%를 보유하고 있던 국민연금공단이 이 합병에 찬성표를 던지면서 합병에 필요한 의사 정족수를 확보하게 된 것이다. 한 기사에 의하면 이로 인하여 국민연금공단이 입은 손실은 무려 5,865억 원 수준이라고 한다.[86]

모든 국민들이 의문을 가진 이 합병의 전말은 무엇이었을까? 한국기업지배구조원은 이재용의 경영권 승계와 관련 있다고 분석했다. 삼성물산이 가진 4%의 삼성전자 지분이 경영권 승계에 필요했기 때문이라는 것이다.[87]

또한 합병에 필요한 국민연금공단의 의결권을 위해 이재용이 최순실이 설립한 코레스포츠 등에 뇌물을 준 것이라는 의혹 또한 존재한다.[88] 전 국민들이 납부한 기금이 재벌의 경영권 승계를 위해 사용되었다는 것이다.

삼성물산과 제일모직의 합병뿐만 아니라 매번 다양한 회사들에 대한 국민연금공단의 의결권 행사가 이슈가 된다. 의결권 행사를 위탁운용사에 위임하는 등 일부 해결방안이 논의되고 있지만 이러한 사태를 근본적으로 막을 수 있는 방법은 아닐 것이다.

주식에도 종류가 있다. 같은 회사의 주식이라도 각각 다른 권리를 가진다. 주식은 크게 보통주와 우선주로 나뉘는데, 우선주는 의결권이 없는 대신 보통주보다 이익배당 우선순위가 높다. 의결권이 없는 대신 기대수익률이 보통주보다 높은 것이다. 공공기관이 의결권 없는 주식만을 취득하도록 한다면 공공기관의 의결권을 활용한 정치적 부정은 일어나지 않을 것이다. 우선주는 상법상 선택사항이다. 하지만 국가가 사기업의 경영을 통제 또는 관리하지 말라는 헌법정신을 생각할 때 상장회사의 우선주 발행 비율 의무화, 공공기관의 국내 주식시장 보통주 취득 금지 같은 조치가 필요하지 않을까?

응답하라 경자유전

최노멀

헌법 제121조

① 국가는 농지에 관하여 경자유전의 원칙이 달성될 수 있도록 노력하여야 하며, 농지의 소작제도는 금지된다.
② 농업생산성의 제고와 농지의 합리적인 이용을 위하거나 불가피한 사정으로 발생하는 농지의 임대차와 위탁경영은 법률이 정하는 바에 의하여 인정된다.

'경자유전(耕者有田)'의 원칙이란 농사를 짓는 사람이 직접 토지를 소유해야 한다는 의미이다. 2020년대를 살아가는 현대인들에게 이 조항은 다소

의아하다. 이 조항을 이해하기 위해서는 조선 시대부터 일제 해방까지 성행한 '소작(小作)'이 무엇이었는지, 왜 굳이 헌법에서 소작을 금지하는지 이해할 필요가 있다.

'소작(小作)'은 농지를 가지지 못한 농민이 지주에게 땅을 빌려 농사를 짓고 그 대가로 수확량의 일부를 지주에게 임대료로 납부하는 것을 말한다. 소작이 이 땅에서 성행한 것은 조선 시대 중기 이후라고 한다.[89] 동일한 농지에 두 종류의 농작물을 1년 중 서로 다른 시기에 재배하는 이모작과 물을 대어 논을 만드는 수도작이 도입되었는데, 농지의 크기에 비해 많은 노동력이 필요한 이러한 농작법의 등장으로 대규모 농장을 경영하는 것보다 영세경작의 장점이 두드러졌기 때문이다. 이러한 영세경작의 유행은 지주가 땅이 없는 농사꾼에게 땅을 빌려주는 형태의 농업구조로 자연스럽게 이어졌다.

초기 소작은 땅을 가진 지주와 노동력을 가진 소작농 모두에게 이익이었다. 그러나 시간이 지나면서 인구는 늘어났고 농사기술은 발전하는 반면 땅은 넓어지지 않았다. 협상은 점점 더 지주에게 유리해졌다. 땅을 빌려주는 대가인 소작료는 점점 더 높아지고 형성된 자산을 통해 지주들은 땅을 더 늘려갔다. 지주와 소작농들의 사회적 불균형이 수백 년 동안 지속한 결과 일제강점기의 소작료는 5할이 넘어갔다. 이 시기 사회주의 사상을 받아들인 일부 소작농들은 소작쟁의와 같은 노동운동을 벌이기도 하였다.[90]

지주와 농사꾼 간 갈등이 커지던 와중 일제로부터 해방이 되었다. 1945년 해방 직후 농가 중 순수 소작농의 비율은 48.9%, 일부 농지를 가지고 있지만 소작까지 겸하고 있는 소작농은 34.6%였다고 한다.[91]

농업 국가였던 당시 대한민국에게 소작농과 지주의 불평등문제는 가장 시급하게 해결해야할 사회문제였다. 그리고 농가의 대다수를 차지하는 소작농의 지지를 얻는 것이 중요했다. 1946년에 먼저 토지개혁을 한 북한을 보며 많은 소작농이 불만을 토해내고 있던 1950년, 국가가 땅을 사들여 농민에게 나누어주는 농지개혁법을 실시했다.[92]

그래서 경자유전의 원칙은 농지개혁법이 만들어지고 있던 1948년 제정헌법에서부터 찾아볼 수 있다. 제정헌법 제86조의 내용은 "농지는 농민에게 분배하며 그 분배의 방법, 소유의 한도, 소유권의 내용과 한계는 법률로써 정한다."이다. 앞서 말한 것처럼 당시 대한민국에게 농민의 지지는 무엇보다 중요했고, 소작농과 지주의 오랜된 불평등 해소도 반드시 필요했기 때문이다.

2020년대의 대한민국은 어떨까. 통계청에 따르면 2019년 농가 인구는 약 224만 명으로 전체 인구의 4% 정도를 차지한다. 특이한 것은 농가의 고령화인데, 전체 인구에서는 4%를 차지하는 반면 65세 이상에서는 약 47%를 차지한다.[93] 농업인구는 소수가 되었으며, 그 인구구조를 생각할 때 앞으로도 빠르게 줄어들 것이라는 점을 유추할 수 있다.

그런데 2020년대 한국 농업은 국제적 경쟁력이 없어 높은 관세에 의존해야만 수입산 농산물과 경쟁을 할 수 있다. 대표적인 농산물인 쌀은 수입산 농산물에 대해 513% 관세를 붙여 경쟁하고 있다. 국가 상호 간 관세를 낮추는 등 무역장벽을 낮추는 자유무역협정(FTA)을 체결하거나 개정할 때마다 농민들이 대규모 집회를 하는 이유는 이들의 수입이 관세로 인한 가격경쟁에 크게 의존하기 때문이다. 높게 설정된 관세로 인해 국민들은 식료품을 비싸게 구매할 수밖에 없다. 세계 각국의 생활비 통계지표를 발표하는 사이트인 넘베오(https://www.numbeo.com)에 따르면 한국의 2020년 식료품 가격은 스위스에 이어 전 세계에서 2번째로 비싸다.[94] 농업에서 한국이 이렇게 경쟁력 없는 국가가 된 원인에는 대규모의 기업형 농업이 이루어지지 못하는 점도 있지 않을까?

지주와 소작농 모두에게 이익이 되어 성행하게 된 소작제가 시간이 지나면서 적폐가 되었던 것처럼 법과 정책에 영원한 정답은 없다. 1994년 농지법 개정 이후 지속적해서 농지 소유의 예외조항이 생겨나며 시대의 흐름을 반영하려 하고 있지만 이미 농업의 국제적 경쟁력을 키울 기회를 영원히 잃어버린 것은 아닐까?

6장. 그리고

최노멀
감사원과 독립성
이은지
민주주의의 꽃, 선거야. 그대로만 자라다오.
이정현
지방자치로가는길
서우민
헌법과 우리의 통일 갭
이정현
높은 문화의 힘
이은지
실종된 헌법 개정안을 찾습니다.

6장 그리고

감사원과 독립성
최노멀

「헌법」제97조부터 제100조까지는 감사원에 대해서 다룬다. 제97조에서는 감사원 설립 목적에 대해 다룬다. 세입·세출의 결산, 국가 및 법률이 정한 단체의 회계검사와 행정기관 및 공무원의 직무에 관한 감찰을 하기 위하여 대통령 소속하에 감사원을 둔다고 서술하고 있다.

감사원은 대한민국 행정부의 일부이지만 다른 행정부 조직들의 업무가 적법하게 수행되었는지를 감사한다. 행정부의 내부감사 기관이 감사원이라고 생각하면 이해가 쉬울 것이다. 감사원의 감사가 일반적인 조직의 내부감사와 크게 다른 점은 감사 결과가 정쟁의 소재가 될 수 있다는 점이다. 행정부가 수

행한 업무의 중대한 결점은 행정수반인 대통령에게 책임소재가 있을 것이고, 이는 언제나 야당의 먹잇감이 될 수 있기 때문이다.

그렇기 때문에 권력을 가진 정부는 감사원을 정치적으로 활용할 유혹을 받을 수 있다. 예를 들어 현 정권에서 행한 업무에 대해서는 최대한 너그럽게 감사하고, 이전 정권에서 행한 치부를 드러내는 데에만 적극적으로 임하게 통제하는 것이다.

행정기관과 공무원들이 업무를 제대로 하고 있는지 감사해야할 감사원이 자칫하면 정권의 재창출을 위한 여론선전 기관, 부패를 조장하는 기관으로 활용될 수 있다. 그렇기 때문에 정권의 눈치를 보지 않고 독립적으로 활동할 수 있는지가 중요하다.

감사원이 독립성을 가지고 업무를 수행할 수 있도록 여러 법률을 통해 보호하고 있는데, 「헌법」에서도 감사원의 독립성을 지지하는 조항이 존재한다. 「헌법」 제98조가 그것이다. 감사원장과 감사위원의 임기 보장에 관한 내용을 서술하고 있다.

제98조

① 감사원은 원장을 포함한 5인 이상 11인 이하의 감사위원으로 구성한다.

② 원장은 국회의 동의를 얻어 대통령이 임명하고, 그 임기는 4년으로 하며, 1차에 한하여 중임할 수 있다.

③ 감사위원은 원장의 제청으로 대통령이 임명하고, 그 임기는 4년으로 하며, 1차에 한하여 중임할 수 있다.

감사원장과 감사위원은 대통령이 임명하는데, 임기는 4년이다. 대통령 임기 5년과 차이가 있다. 이는, 대통령의 임기가 끝나고 차기 정권에게 권력이 이임되어도 감사원장과 감사위원은 임기가 끝날 때까지 업무를 지속하여 새로운 정권에 대한 견제기관의 역할을 수행하라는 것으로 받아들일 수 있다.

하지만 「헌법」에서 보장한 임기가 차기 정권까지 이어지는 일은 많지 않다. 노태우 정부 시절 감사원장을 역임한 13대 및 14대 감사원장인 김영준 감사원장은 임기가 3년 이상 남아있었음에도 1993년 김영삼 정부가 출범하자 사임하였다. 김영삼 정부에서 김대중 정부로 넘어가던 1998년에도 마찬가지로 신상두 감사원장 직무대행이 김대중 정부가 출범하기 직전 감사원장 직무대행을 끝마쳤다. 노무현 정부에서도 20대 감사원장인 전윤철 감사원장이 임기를 3년 이상 남기고 이명박 정권 출범 후 사임했다. 이전 정권에서 임명되어 다음 정권에 무사히 임기를 마친 감사원장은 김대중 정부에서 임명되어 2003년 노무현 정권 출범 이후에 임기를 마친 18대 이종남 감사원장과 박근혜 정권에서 임명되어 2017년 문재인 정권 출범 후 임기를 마친 23대 황찬현 감사원장으로 모두 차기 정권에서의 업무수행 기간이 1년이 되지 않는다. 이명박 정권에서 임명된 22대 양건 감사원장이 박근혜 정권 시절 4대강 감사와 관련하여 정부와 마찰을 일으키다 임기를 채우지 못하고 사임하는 일도 있었다.[95] 이렇듯 정부로부터 독립되어 감사해야 할 감사원장이 정권이 교체되면서 함께 교체되는 모습은 국민들에게 감사원은 정부로부터 독립되어 있지 않다는 인식을 가지게 하기 충분했다.

여러 법률을 통해 감사원의 독립성을 보호한다. 하지만 「헌법」에서 보장하는 감사원장의 임기조차 제대로 지켜지지 않은 모습은 감사원의 독립성에 대한 의구심을 자아낸다. 2020년, 고위공직자범죄수사처(이하 공수처)의 설립과 관련하여 많은 담론이 있었다. 특히 공수처의 독립성에 대해 많은 이들이 의구심을 가졌다. 「헌법」이 보장하는 감사원장의 임기조차 제대로 지켜지지 않았던 우리의 과거에 그 답이 있지 않을까?

6장 그리고

민주주의의 꽃, 선거야. 그대로만 자라다오.

이은지

민주주의의 꽃을 '선거'라고 흔히들 말한다. '꽃'이라는 표현은 어떤 것을 구성하는 여러 요소 가운데 그중에서도 가장 뛰어나거나 중요한 것을 의미한다. 「헌법」 제 1조, 민주주의 국가의 주인은 국민이고 국가의 권력은 국민으로부터 나온다. 국민이 국가에 대한 자신의 영향력을 잘 발휘할 수 있는 수단은 선거이다. 이에 민주주의 사회에서는 '선거'를 민주주의의 꽃으로 부른다.

한 송이의 꽃이 피어나기 위해서는 여러 환경적 여건이 잘 갖추어져 있어야 한다. 우선, 건강한 씨앗이 있어야 하고 그것을 잘 품을 수 있는 적절한 양의 흙이 있어야 한다. 그 흙에는 충분한 영양이 있어야 할 것이며, 적절한 양의 물과 햇빛이 제공되어야 한다. 어느 것 하나라도 부족하거나 과잉되면, 꽃은 피지 못하거나 피어나더라도 금방 썩거나 시든다. 민주주의의 꽃인 '선거'를 잘 피워내기 위해서도 마찬가지다. 환경적 여건이 잘 구축되어 있어야 한다. 또한, 어느 정도의 개입과 통제가 요구된다. 이를 '선거관리'라고 하며, 이러한 노력을 시행하는 곳이 바로 '선거관리위원회'이다.

「헌법」은 114조, 115조, 116조 3항에 걸쳐서 선거관리에 대한 내용을 명시하고 있다. 「헌법」제 114조 1항은 선거관리를 관장하는 기관으로 선거관리위원회를 둔다. 선거관리위원회는 또 중앙선거관리위원회와 시·도, 구·시·군, 읍·면·동 단위의 선거관리위원회로 나뉘어 조직된다. 선거관리위원회는 선거, 혹은 투표가 공정하게 이루어질 수 있도록 관리하고 정당에 관한 사무를 처리한다. 특히, 중앙선거관리위원회는 정치자금에 관한 사무를 위해 처리하기 위한 국가기관으로 국회, 정부, 법원, 헌법재판소와 같은 지위를 가진 독립된 헌법기관이다. 헌법재판소와 마찬가지로 중앙선거관리위원회의 구성원은 대통령이 3인을 임명, 국회에서 3인 선출, 대법원장이 3인을 지명하여 민주적 정당성을 확보하고 있다.

우리나라는 일제로부터 독립 후 1948년 5월 10일 제헌국회 선출을 위한 첫 번째 민주적 선거가 UN의 관리하에 치러졌다. '선거관리위원회'라는 명칭이 사용되기 시작한 시점은 1963년 5.16 군사정변으로 제 3공화국이 출범하면서 부터이다. 이전에는 행정부 산하에 '선거위원회'의 형식으로 설치되어 정부 수립 후 실시될 선거에 대한 사무를 관장하게 하였다. 그러다 1960년 제2공화국 당시, 행정부와는 분리된 독자적 헌법기관으로 격상되어 설치되었다. 그 배경에는 3.15 부정선거가 있었다. 당시 집권 세력이었던 자유당은 앞선 두 차례의 무리한 개헌과 부정부패로 인해 국민의 지지를 잃은 상태였다. 그래서일까? 선거의 결과를 국민의 손에 맡기지 않고 이기붕을 부통령으로 당선시키기 위한 선거 비리를 저질렀다. 내무부 관료들은 공무원, 경찰, 정치폭력배 등을 동원하여 야당의 선거 운동을 방해하였다. 또한, 비밀 투표 원칙을 무시하며 유권자가 자신의 표를 투표함에 넣기 전 공개하도록 하였으며, 돈을 주고 투표권을 거래하기도 하였다. 결정적으로, 선거 전날인 3월 14일 이승만과 이기붕의 이름이 적혀있는 위조 투표용지를 투표함에 미리 집어넣는 등의 부정을 저질렀다. 개표 결과는 어떻게 되었을까? 개표 중 이기붕의 득표율이 100%에 육박하게 되자 국무위원들은 부정선거임이 들통날까 봐 내부적으로 연락을 취해 70~75% 선으로 득표율을 조정하라고 지시까지 내렸다. 그 결과, 자유당의 이기붕 후보는 79.2% 득표율로 당선에 성공했고 46%의 지지율을 가지고 있었던 장면 후보는 17%의 득표율로 패배하였다. 이때의 선거위원회는 선거관리의 독립성과 공정성을 확보하지 못했고 내무부 부속기관의 한계를 여지없이 드러냈다. 이 사태를 계기로 이승만 정권이 물러나고 제2 공화국 출범과 더불어 선거위원회는 헌법상 행정부와 분리되어 독립된 헌법 기관으로 격상되어 설치되었다. 즉, 부정선거라는 역사적 경험을 통해 독립적 선거관리 기관이 탄생하였고 현재까지 이어져 오고 있다.[96]

나라	운영방법
한국, 필리핀, 인도	독자적 선거관리 위원회 운영
미국	연방선거위원회(정치자금 및 선거비용 담당), 주선거위원회(선거 실시)
일본	행정국 선거부(선거 사무) 총무성(선거 총괄), 중앙선거관리위원회(부속기관)
영국	의회 산하 선거위원회(자문 업무), 각 지방자치단체(선거 관리)
브라질	사법 기관에서 선거관리 담당, 최고선거법원과 주선거법원

실제로 한국처럼 독자적인 선거관리 위원회를 두고 있는 나라는 필리핀, 인도 정도라고 한다. 한국과 같은 대통령제 국가인 미국은 연방선거위원회에서 정치자금 및 선거비용을 담당하고, 주선거위원회가 주별로 실시되는 선거

를 담당한다. 내각제를 택한 일본의 경우 '선거부'라는 행정국이 선거 사무를 담당하고 선거에 대한 총괄은 '총무성'이, 부속기관으로 '중앙선거관리위원회'를 둔다. 영국도 의회 산하 선거위원회를 두고 있으며, 이 곳에서는 자문 업무만 담당할 뿐 선거관리는 각 지방자치단체에서 담당한다. 또한, 브라질은 사법 기관에서 선거관리를 담당하며, 최고선거법원과 주선거법원을 두고 있다.[97]

우리는 씨앗을 심을 때 특별한 서프라이즈를 기대하지 않는다. 자신이 심는 씨앗이 어떤 씨앗인지도 모르고 한 해 농사를 짓는 농부는 없다. 대한민국이라는 대지에 유권자 개개인은 하나의 씨앗만을 심을 수 있다. 그것이 어떤 씨앗인지는 본인만 알 수 있다. 그 씨앗은 자라 장미꽃을 피울 수도, 튤립을 피울 수도, 어쩌면 또 다른 어떤 꽃을 피울 수도 있다. 무슨 꽃이 자라 전체적으로 어떤 조화를 이룰지는 꽃이 피어나야만 알 수 있다. 물론 한 가지 꽃으로 통일되면 균형감 있고 이쁘겠지만, 다소 지루할 수 있다. 개인마다 각자 피워내고 싶은 꽃의 취향이 다르므로 민주주의 사회에서 한 가지 꽃으로만 통일되는 것은 불가능에 가깝다. 자란 꽃들의 전체적인 조망이 엉망진창일 수도 있다. 여러 가지 꽃이 서로 뒤섞인 형국이기 때문이다. 그렇다고 한들, 땅의 주인인 유권자가 장미꽃을 보고 싶어 장미꽃 씨앗을 사다가 심었는데, 관리인이 온통 튤립 꽃을 피우면 어떻게 될까? 설령 그 튤립이 결과적으로 장미꽃보다 더 이쁘고 비싸다 하더라도 그게 무슨 의미가 있을까? 꽃을 심을 때의 수고와 기대가 처참히 짓밟혔을 뿐 아니라 꽃을 보며 느끼는 즐거움까지 잃어버리게 되었는데 말이다. 선거 관리의 핵심은 유권자가 심은 꽃이 있는 그대로 피어날 수 있도록 관리하는 데 있다.

앞서, 국민이 국가에 대한 자신의 영향력을 잘 발휘할 수 있는 수단이 선거라고 했다. 처음 투표했던 순간을 기억하는가? 필자는 기억나지 않는다. 어떤 투표용지를 사용하며, 어디에 어떻게 투표 도장을 찍어야 하는지 친구들과 관련 정보도 공유하고 후보자의 전과, 이력, 재산상태 등을 확인하며 신중하게 씨앗 골라 심었는데도 말이다. 대통령 선거, 국회의원 선거, 지방선거 다 경험해 보았지만, 대통령을 제외하고 내가 심은 씨앗이 꽃이 되었는지, 그 꽃은 어디에 어떻게 피어나고 있는지 이후의 상황에 대해 큰 관심을 가지지 않았고 기억에서 완전히 잊어버렸다. 애초에 씨앗을 고르는 일도 쉽지 않았다. 골라야 하는 씨앗 종류가 너무 많았고 이름도 다 낯설었다. 핑계를 더 대자면, 먹고 사는 일로 주인이 너무 바빴다. 그래서 가끔은 그런 상상을 한다. 선거관리위원회가 공시(公示), 투표소 설치, 개표, 결과 발표 등 선거의 실시 및 운영에 관한 일련의 사무뿐만 아니라 '선출관리위원회'가 되어 더 많은 걸 해 줬으면 좋겠다고. 한 가지 예로는 내가 심은 씨앗이 잘 자라고 있는지 레포트를

홈페이지든 앱에 정리해서 한 눈에 볼 수 있게 마련하여 잊지 않게 매달 알람을 보내주는 것이다. 누가 당선되었는지부터 시작해서 국회 출석은 잘하고 있는지, 세금은 잘 내고 있는지, 공약을 잘 수행하고 있는지 개인화된 실적을 말이다. 마치 주식처럼 매일 수행도 순위가 오르내리는 광경을 보고도 싶다. 물론 다음 선거에는 그동안의 활동을 통계적으로 잘 정리한 빅데이터 자료도 제공해야 한다. 한 마디로 '떠먹여 주는 선거 관리' 시스템이다. 이것이 다소 허무맹랑한 소리 같은가? 개인적으로 민주주의의 꽃을 '선거'라 칭하고 싶지 않다. 선거가 완성형의 꽃이 아닌, 그저 시작에 불과한 씨앗의 발아 단계로 인식되었으면 좋겠다. 선거는 끝이 아닌 시작이다. 주인은 아직 꽃을 보지 못했다. 꽃을 피우기 전까지 관리인은 노력을 게을리하지 않아야 한다. 어쩌면, 위의 허무맹랑한 이야기도 생각하기에 따라 당연한 이야기가 될 수 있다.

6장 그리고

지방자치로가는길
이정현

지방자치제도란 지역이 스스로 살림살이를 결정하고 처리하는 것을 말한다. 지역마다 원하는 정책이 다르기 때문에 지역에 사는 사람들의 의견을 최대한 반영하여 지역마다 다른 정책을 펼치는 방법이며 지역에 행정권 등을 주고 스스로 해결하도록 하는 방법이다. 우리나라는 유럽이나 미국 등의 지방자치와는 다르다. 각각의 나라였던 주들이 만나서 연방으로 국가를 형성하고 각 주마다 자치권을 가진다. 심지어 각 주마다 헌법을 가진 나라도 있다. 우리나라의 경우 헌법으로 지방자치를 인정하고 시행하였지만 군부독재 시절에 폐지되었다가 1991년부터 다시 지방의회 의원선거를 시작하였다. 1995년부터 지방자치단체장 선거를 시작하였고 이를 전국동시지방선거라 부르고 있다.[98]

헌법에서는 117조, 118조에서 지방자치단체의 역할과 종류를 말하고 지방의회를 헌법기관으로 명시하였다. 지방자치제도는 그 지역에 사는 주민들이 직접 지역의 현안에 대해 처리하는 것을 말한다.[99]

우리나라의 경우는 지방 사무를 담당하는 지방자치단체가 있고 지방자치단체장을 선출하여 선출된 대표가 자치업무를 시행한다. 지방자치단체의 종류는 서울특별시, 대구와 같은 6개의 광역시, 경기도와 강원도 같은 8개의 도, 제주특별자치도, 세종특별자치시까지 17개의 자치단체를 광역단체라 부르며 광역단체 내에 속해 있는 시, 군, 구청 등 200여 개의 단체를 기초단체라고 한다. 각각의 단체는 의회가 있어 권력의 분립을 통한 견제와 협치로서 지방자치단체를 이끌어 간다.

지역을 대표하는 인물을 선출하고 그들을 통해 지역에 대한 사무를 처리하는 것이 바로 현재 헌법에서 말하는 지방자치제도이다. 그러나 최근 지방자치를 넘어 지방정부, 지방분권의 시대를 말하고 있다.[100]

현재 지방자치단체의 경우 전체 사무에서 자치사무를 처리하는 내용이 겨우 30% 정도이다. 예산 또한 국세와 지방세 비율이 8:2 정도 수준이다. 즉 국민이 내는 총 세금을 거두어서 국가가 쓰는 비용이 80% 정도이며 지방자치단체가 쓰는 비용이 20% 정도라는 수준이다.[101]

미국의 경우 국세가 52% 지방세가 47%이며 독일의 경우 국세 지방세 비율이 47%대 52% 정도의 비율을 보인다. 가까운 일본의 경우에도 국세가 60%대이며 지방세는 40%를 나타낸다.[102]

우리나라 국세 비율 80% 중 30% 정도의 세금이 다시 지방자치단체로 내려간다. 이러한 비용을 국고보조금이라 하는데 보조금의 경우 목적성 비용이라 하여 어디에 쓰이는지 목적이 정확하게 정해져 있는 비용이라 지방자치단체에서 임의로 변경을 할 수 없다. 이 비용으로는 지방자치단체의 자치사무를 만들어서 하는 것이 불가능하다. 국가의 세금을 받아 오는 형태여서 예산편성 시 지역구 국회의원의 쪽지예산으로 만들어내는 등의 문제가 발생하기도 한다. 결국 중앙 행정부의 예산을 바라보고 지원받기를 기다려야 하며 지역주민들이 원하는 사업이 아니라 지역 정치인들이 원하는 사업 위주로 만들어질 수밖에 없게 만드는 구조라 생각한다.

지방자치단체를 지방정부라는 말로 격상하기 위해서는 구조상 다른 변화가 필요하다. 흔히 지방분권이라고 불리는 것에서는 두 가지 권한을 함께 주어야 한다. 첫 번째는 사무를 시행할 수 있는 권한이다. 지역에 필요한 일들을 하려 해도 중앙정부의 사업과 충돌하거나 법률이 충돌하면 사업을 못 하게 되는 경우가 발생한다. 대구시의 경우도 코로나로 인한 사회적 거리두기 지침에 대해 독자적으로 진행하려 했으나 중수본과 협의하지 않고 혼란을 준다는 이유로 취소가 되었었다.[103]

이렇게 충돌되는 부분들에 대해 중앙정부와 지방정부가 협의하고, 지방정부가 자체 시행할 수 있는 법률적 제도를 정비해야 한다. 두 번째는 시행하는 권한에 대한 보조로서 재원도 함께 주어야 한다. 아무리 시행할 수 있는 권한을 주었다 하더라도 그것을 시행할 수 있는 인력, 예산 등이 뒷받침이 되지 않는다면 시행은커녕 시작도 못 하게 된다.

문재인 정부 헌법개정안 제1조에서는 3항을 추가하여 우리나라는 지방분권 국가를 지향한다는 말을 포함하고 있다. 지방자치 부분에서도 두 개 조항이 네 개의 조항으로 더 세분화하여 지방정부의 권한을 높이는 시도를 하였다. 헌법이 개정되지는 못했지만 진정한 주민주권의 시대를 열기 위해서는 중앙정부에 집중된 권한들을 지방으로 보내고 다시 주민들에게 돌려주려는 노력이 필요하다.

| 6장 그리고

헌법과 우리의 통일 갭

서우민

6·25 전쟁으로 인한 인명 피해는 약 450만 명.[104] 70년이 지난 지금 분단 상황은 그대로다.

나를 포함한 현대 청년들은 전쟁을 겪지 않았다. 전쟁이란 먼 나라 이야기로 듣거나 나이 든 사람들의 이야기로 들었으며, 교과서나 영화 등에서 보았다. 휴전 중임은 알지만, 경제적, 사회적으로 성장한 국가에 살고 있어 전쟁이 나기야 하겠어라는 의문도 든다. 현재를 살아가는 국민들은 정말 전쟁을 어떻게 바라보고 있을까? 우선 헌법이 전쟁을 어떻게 바라보는지 살펴보자.

제 5조 1항 대한민국은 국제평화의 유지에 노력하고 침략적 전쟁을 부인한다.

우리는 6.25를 겪었고, 같은 민족을 죽였다. 5조에서 주목할 부분은 '침략적 전쟁'이다. 우리는 오로지 침략하기 위한 전쟁을 하지 않을 뿐이다. 대한민국을 보호한다는 명분, 테러 방지를 위한 명분 등으로 전쟁에 참여할 수 있다. 전쟁을 하겠다고 주장하는 것은 아니지만, 합당한 이유(?)가 있으면 전쟁을 할 수 있다. 그러니까 결국 헌법은 전쟁을 전면적으로 부인하지 않는다. 나는 해외 국군 파견을 허용을 포함한 방관이라고 느낀다. 게다가 우리는 분단, 휴전 국가로 전쟁의 위험성을 항상 내포하고 있다. 전쟁의 위험성이 항상 있고, 그래서 의무군인이 있다. 그래서 중간중간 북한의 도발을 겪으면 위협을 느낀다.

2020년 6월 16일. 북한이 개성 남북공동연락사무소를 폭파했다. 6월 4일 대북 전단 살포에 대한 남측 정부의 대응을 문제 삼으며, 개성공단 완전 철거, 연락사무소 폐쇄, 9·19 군사합의 가능성 등을 거론했다.[105] 2018년 남북정상회담에서는 대화를 택하였던 북한이 2020년에는 방식을 바꾸었다. 문재인 대통령은 6월 15일 판문점 선언을 상기하는 발언을 하며 대한민국 국민들에게

는 전단 살포를 하지 않기를 바란다 하였고, 북한에는 대화의 창을 닫지 말 것을 요청했다.[106]

북한의 대응 방식에 따라 정부의 대북정책을 평가하곤 한다. 언론도 국회도 정부가, 대통령이 대북 정책을 잘했느냐 잘못했느냐 등에 대해 국민 여론을 일으키려 한다. 그럴 때는 꼭 내가 두 가지 중 한 가지를 택해야 할 것처럼 느껴진다. 북한의 도발은 안타깝지만 이번 대북정책은 잘한거(였)다. 혹은 정부가, 대통령이 잘못해서 이렇게 되었다. 그중 한 가지를 택하면 거기에 따라 나는 여당 지지자가 되거나 야당 지지자로 묶이는 희괴한 경험을 하게 된다. 그런 상황이 싫을 때는 제3국에 사는 이 인척 지켜만 본다. 그럼 이런 생각이 든다.

'난리블루스구만'

북한과 남한의 관계에 따라서 우리는 대북 정책에 대해 평가하게 된다. 그러나 잘했다, 못했다 정도의 단어만 내뱉는데, 그게 생각보다 깊지는 않은 것 같다. 왜 이렇게 대화가 흘러갈까? 가만히 보면 남북관계를 통해 서로 헐뜯는 장면들만 부각된다. 정말 국회의원들은, 국민들은, 국민 중 청년들은 어떠한 남북 관계를 원하는 것일까?

제 4조 대한민국은 통일을 지향하며, 자유민주적 기본질서에 입각한 평화적 통일 정책을 수립하고 이를 추진한다.

총강을 읽으면서 왜 대북정책에 이토록 열심히 인지 알게 되었다. 헌법은 기본적으로 통일을 지향하고 있었다. 우리가 분단된 그 시점부터 대한민국은 통일을 지향해왔다. 그 당시 대한민국에 나는 없었지만, 지금의 대한민국에 나와 요즘 청년들이 얼마나 있는지 모르겠지만 대한민국은 지금도 통일을 지향하고 있다. 그래서 어느 정당이든, 어느 정부든 통일하지 말자고 하지는 않는다. 그저 정부의 대북 정책에 대해 평가한다.

헌법 총강은 9개의 조항으로 구성되어 있고, 이 중 세 개 조항이 남북분단과 직접적인 관련이 있다. 그 안에 몇 가지 현실과 맞지 않은 내용이 들어 있다. 제 3조에서는 대한민국의 영토를 한반도와 그 부속도서로 명시함으로써 북한을 대한민국에 포함하고 있고, 제 4조에서는 통일을 지향하되, 자유민주적 기본질서에 따라 통일 정책을 수립한다고 되어 있다. 통일을 하는데 대한민국식(자유민주적)으로 평화통일을 하겠다는 것이다. 북한과 우리의 사상이 공존할 수는 없으며 한쪽이 한쪽에 흡수되어야만 통일이 완료된다는 것이다. 제 5조에서는 침략적 전쟁을 부인한다고 하면서 모든 전쟁을 반대하지는 않는다. 북한이 우리를 침범하지 않는 이상 우리도 침범할 일은 없다는 것, 반대로 북한이 우리를 침범하면 우리도 침범할 수 있다는 것을 내포하고 있다. 평화적 통일을 외치는 헌법은 대한민국 사상으로 북한이 흡수되는 것을 평화적 통일로 보고 있는 듯하고, 평화적인 통일을 원하지만, 전면적인 전쟁을 부인하지는 않고 있다. 평화적 통일과 전쟁. 우리는 이 가치들을 오락가락하며 뫼비우스 띠 위를 돌고 있다.

이 뫼비우스 띠 위에서 지금을 살아가는 사람들은 진짜 어떤 생각을 하고 있을까? 2019년 KBS 남북교류협력단에서 시행한 전국 국민 통일의식 조사 결과에 따르면 '통일에 관해 관심이 있다'는 응답이 73%, 통일의 필요성에 대해서는 '큰 부담만 없다면 통일되는 것이 좋다'는 응답이 40.4%, '상당 기간 현 공존상태를 유지해야 한다'는 응답이 24.2%, '반드시 통일이 돼야 한다'는 응답이 23.1%였다. 북핵 문제는 '당분간 해결이 어려울 것'(57.6%)이라는 의견이 가장 많았고, 다음은 '쉽지는 않지만 해결될 것'(34.2%)이라는 것이다. 현재 안보 상황에 대해 '매우 불안하다'가 22.5%, '약간 불안하다'가 39.1%라고 응답했다. 그리고 2020년 언론사 데일리안의 대북정책 찬반 의견 조사 시

'매우 찬성'이 26.7%, '찬성하는 편'이 22.9%, '반대하는 편'이 18.5%, '매우 반대'가 14.9%, '잘 모름'이 16.9%였다.[107]

2020년. 현재를 사는 우리는 구체적으로 어떤 남북 관계를 원하는지, 통일을 바란다면 어느 정도의 부담을 감수하며 어떠한 형태로 진행되길 바라는지, 북한으로부터 침략을 받았을 때 정부가 어떻게 대응하기를 바라는지 지속적으로 내뱉을 수 있는 자리들이 마련되면 좋겠다. 국민들의 생각을 광범위하게 알아볼 수 있게 토론회를 해보는 것도 좋다. 정부와 국회는 국민들의 생각을 기반으로 통일에 대해 현실적이고 객관적인 경제적, 물리적 부담 등을 세세하게 공유하며 같이 진행해 가면 좋겠다. 지금의 헌법은 결국 우리들, 국민으로부터 시작되어야 한다. 국민들의 인식에 따라 헌법에 적힌 통일 이야기는 바뀔 수 있다. 헌법 개정 전환의 키는 대통령과 국회가 가지고 있다. 단지, 각 정당의 자릿수 싸움을 위해서 이 중요한 문제에 대해 맹목적인 싸움만 한다면 결국 많은 시민이 신뢰를 잃을 것이다. 나는 사실 헌법에서 말하는 통일보다는 종전 선언과 자유로운 교류를 할 수 있는 독립적인 남북관계를 원한다. 그리고 그 길에 정부와 국회의 부딪힘이 걸림돌이 될 때가 많다고 생각한다.

헌법 읽기가 우리 삶에 무기가 되려면 1987년부터 이어져 오던 이 헌법을 무조건 맹신하지는 말자. 지금 우리들이 정말로 원하는 것인지, 절대적으로 필요한 것인지, 시대에 따라 변화되어야 하는 것인지 의문을 가지는 것이 바로 헌법을 읽는 이들이 가지게 되는 무기이다.

높은 문화의 힘
이정현

"나는 우리나라가 가장 부강한 나라가 되기를 원하지 않으며 남을 침략하는 것을 원치 않는다. 오직 한없이 가지고 싶은 것은 높은 문화의 힘이다."

-백범 김구 선생 어록-

우리나라 헌법은 총 10장 130개조로 나뉜다. 그 중 첫 번째 장인 총강은 대한민국의 정체성을 확고히 하는 중요한 부분이다. 대한민국은 민주공화국이며 주권은 국민에게 있다는 것에서부터 국민의 요건, 영토 등 독립된 국가로서 필요한 조건들과 방향성을 제시한다. 총강의 마지막은 이렇다,

"헌법 제9조 국가는 전통문화의 계승·발전과 민족문화의 창달에 노력하여야 한다."

헌법학자들의 해석과[108] 문재인 정부 개정안을 보면 (제9조 국가는 문화의 자율성과 다양성을 증진하고, 전통문화를 발전적으로 계승하기 위하여 노력해야 한다.) 단순히 전통문화를 계승하고 발전시키는 것이 아니라 문화선진국으로 나아가는 방향성에 중점이 있다고 보이며 백범 김구 선생의 정신을 헌법에서 이어 가는 것으로 보인다.[109]

최근 우리나라 문화 컨텐츠는 국제무대에서 큰 성과를 이루고 있다. 봉준호 감독과 BTS는 상업적 대중문화 중심인 미국에서 돌풍을 일으켰고 한강의 소설이나 국악 같은 순수예술 분야에서도 좋은 평가를 받는 편이다. 심지어 전 세계에서 송출되는 클라우드 스트리밍 서비스 시스템인 넷플릭스에서는 대한민국의 사극을 바탕으로 하는 킹덤 같은 드라마가 한국의 역사에 대한 바탕 지식이 없는 국가에서도 인기가 있다는 소식이 나오는 것을 보면[110] 이제는 대한민국이 문화선진국이라 불려도 손색이 없을 것 같다.

그러나 최근 코로나19로 인해 예술인 또한 심각한 피해를 보고 있다. 관객을 직접 만나 소통해야 하는 공연예술의 경우 사회적 거리두기로 인해 사실상 완전폐업과 마찬가지 수준이다.[111]

대중들에게 알려진 연예인들도 힘들다 하는 상황이니 그에 비해 인지도가 없고 지역에서 활동하는 공연 예술인들은 설명하기 힘들 정도이겠다.

문화발전을 단순히 자본주의 관점으로만 바라보기는 어렵다. 상업적 가치를 만들어 내는 문화만 예술이라고 할 수는 없다. 보편적인 대중예술을 만들어낼 수 있는 기반을 만들고 수준을 높이는 것이 순수예술 혹은 기초예술 분야라고 생각한다. 물론 이런 분야들은 투자 대비 효용성이 떨어질 수 있다. 단지 효용성만 따진다면 대중에게 선택받지 못한 대부분의 순수예술 분야는 사라질 것이다. 선진문화 국가로서의 역할은 이런 분야의 가치에 대한 고찰과 지원이다.

국가에서 운영하는 문화진흥원과 문화재단 등이 지원사업을 진행하고 있으며 공공미술관이나 공공공연장에서도 지역 공연예술가들을 위한 지원이 있다. 그뿐만 아니라 이러한 지원과 공간들은 국민들에게 다양한 문화예술을 향유할 기회를 준다. 상업적 이익을 내는 등 유형의 가치 창출이 어려운 분야들도 문화적 가치를 높일 수 있다는 인식 개선과 예술인들에 대한 국가적 지원이 절대적으로 필요한 시기이다. 아쉽게도 코로나 19로 인해 이러한 예술 분야가 지원을 받기는커녕 되려 끊기고 있다. 국가정책예산에서 문화예술 분야에 많은 삭감이 있었고 지역 축제나 공연 등은 대부분이 취소되었다.[112]

누군가는 지금 상황에서 문화예술이 중요하냐고 되물을 수 있다. 이에 김구 선생의 글로 다시 답한다.

"나는 우리나라가 가장 부강한 나라가 되기를 원하지 않으며 남을 침략하는 것을 원치 않는다. 오직 한없이 가지고 싶은 것은 높은 문화의 힘이다. 높은 문화의 힘은 우리 자신을 행복하게 하고, 나아가서 남에게도 행복을 주기 때문이다."

6장 그리고

실종된 헌법 개정안을 찾습니다.
이은지

잠시 2년 전 기억을 떠올리며, 가슴에 손을 얹고 생각해보자. 2018년 문재인 대통령의 헌법 개정 전문이 공개되었다. 당신은 그 개정안을 읽어본 적 있는가? 그 개정안이 어떤 내용을 담고 있었는지 간략하게라도 알고 있었는가? 고백하자면 질문을 던진 필자도 당시 주의 깊게 보지 않았다. 물론 30년 만에 헌법개정이 이루어진다는 것, 생애 최초로 헌법개정 국민투표에 유권자로서 참여할 수 있게 되었다는 점에서 아예 관심이 없던 것은 아니었다. 그러나 발의 초기부터 여야 합치, 시간의 촉박에 따른 회의론 등 잡음이 많고 지지부진한 모습에 자연스럽게 관심에서 멀어지게 되었다. 소 잃고 외양간 고치듯 이제 와서 문재인 대통령의 헌법 개정안을 잠시 살펴보겠다. 분량이 많은 관계로 총강 부분만 살펴보고자 한다. 더욱 자세한 사항은 2018년 제10차 개헌의 문재인 대통령 개헌안 비교 공식 사이트인 https://devunt.github.io/10th-amendment/ 에서 상세히 확인해 볼 수 있다.

헌법 제 1조	
기존 헌법	개정안
① 대한민국은 민주공화국이다. ② 대한민국의 주권은 국민에게 있고, 모든 권력은 국민으로부터 나온다.	① 대한민국은 민주공화국이다. ② 대한민국의 주권은 국민에게 있고, 모든 권력은 국민으로부터 나온다. ③ 대한민국은 지방분권국가를 지향한다.

「헌법」 총강에서는 대한민국의 정체성을 규정한다. 특히, 「헌법」 제 1조는 대한민국이 민주주의 사회를 토대로 하는 국가임을 명확히 할 뿐만 아니라, 국가를 통치하는 입법권, 사법권 등 일련의 권리가 국민에게 있다는 국민주권주의로부터 헌법이 이념적, 법적으로 기초하고 있음을 보여준다. 문재인 대통령의 개정안은 이 조항에 '③ 대한민국은 지방분권국가를 지향한다.' 를 추가했다.

헌법 제 3조	
기존 헌법	개정안
대한민국의 영토는 한반도와 그 부속도서로 한다.	① 대한민국의 영토는 한반도와 그 부속도서(附屬島嶼)로 한다. ② 대한민국의 수도(首都)에 관한 사항은 법률로 정한다.

또한, 「헌법」 제 3조는 대한민국의 영토 범위에 대해 규정하고 있다. 그동안 이 조항은 '한반도'라는 명칭에 대해 논란이 있었다. 대한민국 영토를 남한의 영토와 북한의 영토까지 포괄하는 '한반도'로 규정하여 북한을 하나의 독립된 국가로 인정하지 않는 의지가 담겨 있기 때문이다. 즉, 이 조항은 북한이 남한의 영토 일부를 불법적으로 점유하고 있는 상태로 해석될 수 있다. 문재인 대통령의 개정안에서도 이러한 문맥은 유지되었다. 다만, 이 조문에 2항으로 '②대한민국 수도에 관한 사항은 법률로 한다.' 가 추가되어 서울을 수도로 하는 관습 헌법을 타파하고, 지방분권의 정신을 새로운 대한민국의 정체성으로 추가하였다. 이것은 중앙과 지방이 함께 잘 사는 나라가 될 수 있도록 새로운 운영 기틀을 마련하고자 한 것이다. 이는 곧 대한민국의 수도를 '서울'이라는 하나의 도시로 특정하지 않고, 국민의 의사를 대변하는 국회의 법률 제정

과 개정에 따라 수도가 언제든지 변경될 수 있도록 한 것이다. 즉, 대한민국의 수도에 대한 결정권을 국민의 손에 쥐여준 것이라 볼 수 있다. 국회의원을 포함하여 많은 기득권이 서울에 땅과 집을 둔 상황에 해당 조항이 있다고 해서 실질적으로 수도가 변경될 확률은 매우 희박하다고 생각하지만, 서울공화국에 사는 지방 청년으로서 서러운 게 한둘이 아닌 나로서는 두 팔 벌려 환영할 만한 대목이다.

헌법 제 7조	
기존 헌법	개정안
① 공무원은 국민전체에 대한 봉사자이며, 국민에 대하여 책임을 진다. ② 공무원의 신분과 정치적 중립성은 법률이 정하는 바에 의하여 보장된다.	① 공무원은 국민 전체에게 봉사하며, 국민에 대하여 책임을 진다. ② 공무원의 신분은 법률로 정하는 바에 따라 보장된다. ③ 공무원은 직무를 수행할 때 정치적 중립을 지켜야 한다. ④ 공무원은 재직 중은 물론 퇴직 후에도 공무원의 직무상 공정성과 청렴성을 훼손해서는 안 된다.

「헌법」제 7조는 공무원에 대한 내용을 다룬다. 대한민국의 정체성을 규정하면서 특정 직업군이 언급되는 것이 다소 이질적으로 느껴졌다. 문재인 대통령의 개정안에도 헌법 총강에 그대로 명시되었다. 본래 취지와 달리 과도하게 공무원의 정치적 참여를 제한하는 ②항은 개정안에서 ②항과 ③항으로 나뉘어 본래의 취지를 훼손하지 않도록 더욱 명확하게 서술되었다. 본래 7조 2항의 경우, 정치적 압박으로부터 공무원의 신분을 보장하기 위해서 신설된 조항이지만, 그 해석이 모호하여 정치적 중립성을 지켜야만 하는 공무원의 하나의 의무로 변질되었고 이 조항에 따라 공무원은 노조, 시위 참여 등 정치적 행위에 제한을 가했다. 문재인 대통령 개정안에서는 공무원의 신분은 법률이 정하는 바에 따라 보장되며, 직무를 수행함에 있어서만 정치적 중립을 지켜야 한다고 하여 그 뜻을 더욱 명확하게 하였다. 또한, 퇴직 후의 공무원에게 요구되는 사항도 추가된 것을 볼 수 있다. 퇴직해서까지도 제재가 가해지다니 다소 가혹하다고 느낄 수 있지만, 업무상 국가 행정에 관한 많은 정보에 접근할 수 있는 점을 고려해 볼 때 이러한 조항은 있어서 해가 될 것은 없어 보인다. 그 외에도 기본권의 주체가 '국민'에서 '사람'으로 바꾸고 생명권, 안전권, 알 권리, 동물보호 정책, 국민소환제 등을 신설하여 기본권과 국민주권을 확대하였다.

문재인 대통령은 이러한 개정안을 3월 26일 자로 발의하였다. 이날 발의한 이유는 헌법개정 절차와 관련 있다.

「헌법」제10장 헌법개정

제128조 ① 헌법개정은 국회 재적의원 과반수 또는 대통령의 발의로 제안된다.

② 대통령의 임기연장 또는 중임변경을 위한 헌법개정은 그 헌법개정 제안 당시의 대통령에 대하여는 효력이 없다.

제129조 제안된 헌법개정안은 대통령이 20일 이상의 기간 이를 공고하여야 한다.

제130조 ① 국회는 헌법개정안이 공고된 날로부터 60일 이내에 의결하여야 하며, 국회의 의결은 재적의원 3분의 2 이상의 찬성을 얻어야 한다.

② 헌법개정안은 국회가 의결한 후 30일 이내에 국민투표에 붙여 국회의원선거권자 과반수의 투표와 투표자 과반수의 찬성을 얻어야 한다.

③ 헌법개정안이 제2항의 찬성을 얻은 때에는 헌법개정은 확정되며, 대통령은 즉시 이를 공포하여야 한다.

헌법개정을 위해서는 제안이 있어야 한다. 제안은 국회재적 과반수 또는 대통령의 발의로 이루어진다. 대통령의 발의는 국무회의의 심의를 거친다. 제안이 이루어지면 제안된 헌법개정안에 대해 대통령이 20일 이상의 기간 동안 이를 국민에게 알리는 기간(공고)이 필요하다. 이는 이러한 내용으로 나라의 기본 틀인 헌법을 바꾸고자 주권자인 국민에게 알리는 것이다. 이후, 국회는 헌법개정안이 공고된 날로부터 60일 이내로 의결해야 한다. 국회 의결 단계에서 재적의원 3분의 2 이상이 찬성하면, 국회 의결 후 30일 이내에 국민투표가 이루어진다. 국민투표에서 선거권자 과반수의 참여와 참여한 투표자 과반수가 찬성하면 헌법개정은 확정되며, 대통령이 이를 공포한다.[113]

문재인 대통령이 3월 26일 개정안을 발의한 이유는 이러한 절차에 따라, 60일간의 국회 의결 단계와 18일 이상의 공고 기간을 염두하고 6월 13일에 있을 지방선거와 동시에 국민투표를 실시하려고 했기 때문이다. 이렇게 되면, 1,227억의 비용을 절감 효과까지 기대해 볼 수 있었다. 그러나 헌법개정안은 대통령의 발의, 공고를 거쳐 국회 의결 단계로 넘어갔지만, 여야대치로 인해 국회의 문턱을 넘지 못했다.[114]

헌법개정은 원래 어려운 것일까? 이전까지 우리나라는 9차례에 걸친 헌법개정이 이루어졌다. 1차 개헌은 1952년 7월 7일, 대통령 직선제의 내용이 담긴 정부안에 의원내각제 요소가 담긴 국회 안을 각 발췌한 발의안이 국회의원 기립투표로 강제 의결되었다. 2차 개헌에서는 1954년 11월 29일, 4사 5입(반올림)의 논리를 통해, 정족수 미달이었던 헌법개정안이 가결되었다. 이를 통해 초대 대통령에 대한 중임과 3선 제한이 이루어졌다. 3차 개헌은 1960년 6월 15일, 부정선거에 맞선 4·19혁명의 성과였다. 이를 통해, 이승만 정권이 물러나고 의원내각제 형태의 양원제 국회가 출범하였다. 4차 개헌은 1960년 11월 29일, 3.15 부정선거 주모자를 소급처벌하는 내용의 개정이 이루어졌다. 5차 개헌은 1962년 12월 26일, 5.16 군사 쿠데타 박정희 정권 장악으로 인해 대통령 단원제를 기반으로 한 개헌이 이루어졌다. 이는 군사 쿠데타 사상 최초로 국민투표에 의한 개헌으로 기록된다. 6차 개헌은 1969년 10월 21일, 대통령 4년 중임과 3선 연임의 내용을 담은 개헌안에 새벽 2시에 2분 만에 통과되었다. 7차 개헌은 1972년 12월 27일, 대통령 중임 제한과 직선제 폐지의 내용을 담고 있으며, 계엄령 선포, 유신헌법 통과, 국회해산권, 법관임명권, 긴급조치권 신설하는 등 제왕적 대통령제 구축을 위한 발판을 마련하였다. 8차 개헌은 1980년 10월 27일, 12·12 군사 쿠데타로 정권을 장악한 전두환, 노태우 등의 세력에 의해 대통령을 7년 단임으로 전환하고 행복추구권, 무죄 추정 원칙, 환경권 신설하였다. 9차 개헌은 1987년 10월 29일, 대통령 5년 단임 직선제를 부활시켰다. 또한, 국회 해산권을 폐지하고 헌법재판소 국정감사권 부활하는 등 사상 최초 여야 합의에 의한 개헌이 이루어졌다.[115]

2018년도 당시 국회 단계에서 개정안이 의결되지 못했던 배경은 무엇일까? 여야가 정치적으로 팽배하게 대치되고 있었던 시기였고 재외국민의 투표권 행사를 제한하는 국민투표법이 헌법에 불합치한다는 헌법재판소의 결정 때문에, 국민투표 전 위헌의 요소가 있는 국민투표법의 개정이 우선되어야 한다는 주장이 있었다. 선관위가 마지노선으로 정한 23일까지 국민투표법 개정안을 처리하지 않았고 이에 따라 6월 개헌은 무산되었다. 당시 개헌을 저지할 수 있는 100석보다도 수가 많았던 자유한국당의 합의 없이는 헌법개정이 이루어질 수 없었다. 결국 헌법개정안은 국회에서 114표로 재적 2/3에 미치지 못하였고 의결정족수 부족으로 인해 불발되었다.

30년 만의 헌법개정은 결국 국민에게 도달되지도 못하고 흐지부지 역사 속으로 사라졌다. 이 사태를 겪으면서 세 가지 깨달은 바가 있다. 하나는 헌법개정이 국민투표를 중심으로 이루어질 수 있도록 절차적 개선이 있었으면 좋겠다는 점이다. 국회 의결 절차가 헌법개정 여부를 실질적으로 결정하게 되면서, 주권이 있는 국민은 결국 투표조차 못 했다. 대통령이 발의하는 헌법개정의 경우 국민투표 후 국회의 의결을 거치던가 해야 한다. 이 경우 대국민적 승인이 다 된 사안에 국회가 절차적, 형식적으로 통과시키는 것밖에 되지 않겠지만, 비유하자면 사장 빼고 직원들끼리 중요한 프로젝트를 흐지부지 없애 버린 회사의 경우보단 나을 것이다. 하지만, 국회 단계를 생략하고 대통령과 국민의 결정만으로 헌법이 개정되도록 한다면, 국회의 입지가 애매해질 것이다. 국민의 의사 하나 제대로 반영하지 못하는 국회, 그래서 헌법개정 과정에서 배제된 국가기관으로 전락해 버린 느낌이 들기 때문이다. 따라서, 가장 현실적인 방안은 국회의결 정족수의 수준을 완화하여 정족수 3분의 2가 아닌 과반수의 찬성으로 절차를 바꾸는 것이다. 헌법개정에 대한 결정적 열쇠를 국민이 쥐고 있었으면 한다.

두 번째로, 헌법개정 단계에서 주권자의 의사가 깊숙이 반영되지 못한다는 점이 아쉬웠다. 대통령, 국회의원만 헌법개정에 대한 발의를 할 것이 아니라 국민발안권을 통해서 국민이 직접 헌법개정안을 제안할 수 있는 절차가 도입되었으면 좋겠다. 즉, 발의 단계에서부터 국민의 의견을 적극적으로 듣고 개정안에 국민의 의견을 적극적으로 반영하는 것이다. 과거에는 국민발안권이 있었다. 1594년 2차 헌법개정 당시 국민 50만 명 이상의 찬성으로 개헌안을 발의할 수 있었고 1962년 제5차 개헌 때 대통령의 개헌안 발의권이 삭제되었다. 그러나 1972년 유신헌법 때 대통령 발의권이 복구되었고 국민발안권은 다시 없어졌다.[116] 지금으로선, 우선 헌법이 개정이 되어야 이루어질 수 있는 사안이다. 단, 이 제도는 장점도 있지만 단점도 존재한다. 현실에 치여 정치에 참여할 여유가 없는 국민의 의사는 배제될 여지가 크고 현실적으로 비용이나 시간적 측면의 한계가 있다. 무엇보다 발의에 참여하는 국민이 최소 몇 명이 되어야 적당한 수준인지 판가름하기도 쉽지 않다.

마지막으로, 단순한 찬/반 투표는 국민의 의사를 명확히 표현하는 데 한계가 있다고 생각했다. 이번 생에 개헌 투표는 처음이라 투표용지가 정확히 어떤 형식인지 모르지만, 가장 마지막 투표였던 1987년도의 국민투표 용지를 비추어 볼 때, 찬성 또는 반대만 표시할 수 있는 단순한 디자인일 것이다. 그렇다면, 대통령 또는 국회가 발의한 개정안에 대해서 일부는 동의하고 일부는 반대할 때는 어떻게 되는가? 반대에 투표하는 사람이 많을 것이다. 완전 반대는 아니지만, 언제 다시 올지 모르는 헌법개정을 오래도록 기다려야 할 것이다. 따라서, 각 조항마다 찬/반을 찍을 수 있는 방안이 마련되면 좋을 것 같다. 각 조항별 과반 이상의 찬성을 받은 조항은 확정하고 나머지 기준 범위 이하의 조항에 대해서는 수정, 보완 후 국회 의결을 거치는 방식은 어떨지 생각해본다. 이런 편이 헌법개정을 정치적 의미로 보지 않고 국민에게 주권이 있다는 헌법의 실효성을 높이는데 더욱 도움이 될 것이다. 물론, 기존의 절차를 바꾸면 시간과 비용이 많이 든다. 그러나 한 번 개정되면 몇십 년씩 우리 삶에 직·간접적으로 관여할 헌법의 개정을 다룬다는 점에서 비용과 시간을 따지기보다는 헌법개정을 대하는 우리의 태도를 우선적으로 고려해 보아야 하지 않을까?

끝

이정현
헌법 어디까지 읽어보셨어요?
저자들
우리들의 대답

대한민국헌법
문재인대통령 헌법개정안

끝

헌법 어디까지 읽어보셨어요?
이정현

　대한민국 헌법 제1조 '대한민국은 민주공화국이며 국가의 권력은 국민에서 나온다'라는 조항은, 그것이 대사로 등장한 한 영화의 흥행으로 함께 유명해졌다. 더욱이, 그 대사가 나오는 부분만 편집한 영상이 각종 매체와 인터넷으로 전파되어 국민 대다수가 알고 있는 명장면이 되었다.

　많은 국민들이 그 장면에 열광하게 된 것은 단지 배우들의 연기가 좋거나 영화의 작품성이 훌륭해서만은 아닐 것이다. 일상 속에서 '국가권력', '공권력', '정치 권력' 등 특정 집단, 특정 신분의 권력은 자주 접하게 되지만, 국민에게서 나오는 권력, 소위 '국민 권력'이라는 말은 접하기도 힘들고 느끼기도 힘들다. 이런 상황에서 대한민국 권력의 주인이 국민이라고 말하는 것이 헌법 첫 조항에 나온다는 것, 그 사실 자체가 많은 국민에게 큰 울림을 주었다고 생각한다.

어쩌면 지극히 당연한데도 불구하고 '국민 권력'이라는 말이 헌법 제1조에 명시되어 있다는 것을 영화를 통해 알게 되었다. 이것은 대한민국 교육이 입시에만 몰두할 뿐 보편적인 민주주의에 대해서는 제대로 다루지 못하고 있음을 반증한다.

지금 우리가 헌법을 읽는 이유는 단순히 법을 공부해 보자는 것이 아니다. 헌법은 딱딱한 법률이 아니라 국민이 보편적으로 동의하는 하나의 가치관으로서, 대한민국 법률의 방향성을 제시하고 국민으로서 가져야 할 권리와 지켜야 할 의무를 규정한다.

이러한 당위적 이유 외에도 헌법을 읽어야 하는 또 다른 이유가 있다. 예를 들어 헌법 전문의 첫 문장은 '유구한 역사와 전통에 빛나는 우리 대한국민은···'이다. 처음 헌법을 읽을 때 많이 범하는 가장 큰 실수 중 하나가 이 문장에 있는 대한'국민'을 대한'민국'으로 읽는 것이다. 헌법은 대한'민국'이 아니라 대한'국민'을 주체로 하고 있음을 명확히 기억할 필요가 있다. 헌법을 읽는다는 것은 국가와 헌법의 주체는 국민이고 국민이 바로 대한민국의 주권자임을 확인하는 순간이다.

최근 헌법을 읽고 분석한 책들이 많이 출판되고 있다. 언뜻 법과는 크게 상관없이 보이는 모 연예인도 헌법을 읽고 그 경험과 내용을 엮어 책으로 출판하였다. 국민 스스로 촛불혁명을 일궈내고, 대통령 탄핵이라는 역사적 사건을 경험하면서 민주주의 가치와 대한민국의 방향성에 관심을 가지는 분위기가 형성되고 있는 것이다. 어쩌면 살면서 한 번도 관심을 기울여 본 적이 없던 헌법을 읽는 행위는, 한 인간으로서 나의 권리를 확인하는 가장 쉬운 방법이 아닐까? 그리고 바로 지금이 그 권리를 확인하기 위한 가장 좋은 시점이 아닐까?

끝

우리들의 대답

꿈이기도 했던 법에 볼일이 있었다. 헌법을 알아가고 싶은 나의 초대에 헌법은 꾸밈없이 내 생활로 들어왔다. 헌법을 읽고 사유하면서 나와 나라에 관심이 깊어진다. 세상 보는 눈이 생기며 귀가 밝아진다. 나만 좋을 순 없지. 헌법을 당신에게 공유한다. 함께 읽으면서 헌법을 사랑스럽게 완성해가자.

마주(안혜영)

헌법을 두 번째 읽었다. 읽고 이야기를 함께 나누면서 요즘의 한국을 한 번 더 살펴보게 되었고, 서로가 어떤 관점을 가지고 살아가는지 조금은 알게 되었다. 그리고 헌법은 단순히 암기하는 식으로 이해하면 안 되겠다는 생각을 하게 되었다. 그 안에 우리 역사가 담겼고, 앞으로의 역사가 담겨질 예정이니 우리들의 주권 확보에 좀 더 신경써야 할 것이다.

　　서우민

공부처럼 시작했던 헌법읽기는 공감으로 끝났다. 시대를 살아가는 국민들의 정서와 가치관이 바로 헌법이다. 공감과 소통이 필요한 지금 이 시대에 읽어두면 좋을 헌법 함께하길 기대해 본다.

　　이정현

텀블벅에서 우연히 청년헌법읽기 모임 1기 소식을 접했다. 존재만으로도 좋은 이 모임을 그저 함께 하고 싶은 마음이 컸다. 쉽지만 더 깊게. 그렇게 헌법 속 세상으로 빠져들었다. 저명한 학자의 학설이 아닌 평범한 우리들의 이야기로 인해 나는 살아있는 헌법을 느꼈다. 아직도 망설이는가? 어려워할 필요 없다. 헌법의 퍼즐은 당신이 있어야 완성된다.

　　이은지

우연한 기회를 통해 국가의 기본법인 헌법을 함께 공부하면서 과거 우리 사회를 지배하던 가치관이 무엇이었는지 느낄 수 있었다. 더불어, 1987년 개정된 현행 헌법은 너무나 낡아 현대인의 가치관과 맞지 않다는 것, 개정이 필요하다는 것도 절실하게 느꼈다. 헌법 개정에는 국민투표가 필요하다. 언젠가 다가올 헌법 개정 국민투표에서 성숙한 민주시민으로서 투표를 하기 위해 헌법을 한번쯤 공부해봐야 하지 않을까?

최노멀

끝

대한민국헌법

전문

유구한 역사와 전통에 빛나는 우리 대한국민은 3·1운동으로 건립된 대한민국임시정부의 법통과 불의에 항거한 4·19민주이념을 계승하고, 조국의 민주개혁과 평화적 통일의 사명에 입각하여 정의·인도와 동포애로써 민족의 단결을 공고히 하고, 모든 사회적 폐습과 불의를 타파하며, 자율과 조화를 바탕으로 자유민주적 기본질서를 더욱 확고히 하여 정치·경제·사회·문화의 모든 영역에 있어서 각인의 기회를 균등히 하고, 능력을 최고도로 발휘하게 하며, 자유와 권리에 따르는 책임과 의무를 완수하게 하여, 안으로는 국민생활의 균등한 향상을 기하고 밖으로는 항구적인 세계평화와 인류공영에 이바지함으로써 우리들과 우리들의 자손의 안전과 자유와 행복을 영원히 확보할 것을 다짐하면서 1948년 7월 12일에 제정되고 8차에 걸쳐 개정된 헌법을 이제 국회의 의결을 거쳐 국민투표에 의하여 개정한다.

제1장 총강

제1조
① 대한민국은 민주공화국이다.
② 대한민국의 주권은 국민에게 있고, 모든 권력은 국민으로부터 나온다.
제2조
① 대한민국의 국민이 되는 요건은 법률로 정한다.
② 국가는 법률이 정하는 바에 의하여 재외국민을 보호할 의무를 진다.
제3조 대한민국의 영토는 한반도와 그 부속도서로 한다.
제4조 대한민국은 통일을 지향하며, 자유민주적 기본질서에 입각한 평화적 통일 정책을 수립하고 이를 추진한다.
제5조
① 대한민국은 국제평화의 유지에 노력하고 침략적 전쟁을 부인한다.
② 국군은 국가의 안전보장과 국토방위의 신성한 의무를 수행함을 사명으로 하며, 그 정치적 중립성은 준수된다.

제6조
① 헌법에 의하여 체결·공포된 조약과 일반적으로 승인된 국제법규는 국내법과 같은 효력을 가진다.
② 외국인은 국제법과 조약이 정하는 바에 의하여 그 지위가 보장된다.
제7조
① 공무원은 국민전체에 대한 봉사자이며, 국민에 대하여 책임을 진다.
② 공무원의 신분과 정치적 중립성은 법률이 정하는 바에 의하여 보장된다.
제8조
① 정당의 설립은 자유이며, 복수정당제는 보장된다.
② 정당은 그 목적·조직과 활동이 민주적이어야 하며, 국민의 정치적 의사형성에 참여하는데 필요한 조직을 가져야 한다.
③ 정당은 법률이 정하는 바에 의하여 국가의 보호를 받으며, 국가는 법률이 정하는 바에 의하여 정당운영에 필요한 자금을 보조할 수 있다.
④ 정당의 목적이나 활동이 민주적 기본질서에 위배될 때에는 정부는 헌법재판소에 그 해산을 제소할 수 있고, 정당은 헌법재판소의 심판에 의하여 해산된다.
제9조 국가는 전통문화의 계승·발전과 민족문화의 창달에 노력하여야 한다.

제2장 국민의 권리와 의무

제10조 모든 국민은 인간으로서의 존엄과 가치를 가지며, 행복을 추구할 권리를 가진다. 국가는 개인이 가지는 불가침의 기본적 인권을 확인하고 이를 보장할 의무를 진다.
제11조
① 모든 국민은 법 앞에 평등하다. 누구든지 성별·종교 또는 사회적 신분에 의하여 정치적·경제적·사회적·문화적 생활의 모든 영역에 있어서 차별을 받지 아니한다.
② 사회적 특수계급의 제도는 인정되지 아니하며, 어떠한 형태로도 이를 창설할 수 없다.
③ 훈장등의 영전은 이를 받은 자에게만 효력이 있고, 어떠한 특권도 이에 따르지 아니한다.
제12조
① 모든 국민은 신체의 자유를 가진다. 누구든지 법률에 의하지 아니하고는 체포·구속·압수·수색 또는 심문을 받지 아니하며, 법률과 적법한 절차에 의하지 아니하고는 처벌·보안처분 또는 강제노역을 받지 아니한다.
② 모든 국민은 고문을 받지 아니하며, 형사상 자기에게 불리한 진술을 강요당하지 아니한다.
③ 체포·구속·압수 또는 수색을 할 때에는 적법한 절차에 따라 검사의 신청에 의하여 법관이 발부

한 영장을 제시하여야 한다. 다만, 현행범인인 경우와 장기 3년 이상의 형에 해당하는 죄를 범하고 도피 또는 증거인멸의 염려가 있을 때에는 사후에 영장을 청구할 수 있다.
④ 누구든지 체포 또는 구속을 당한 때에는 즉시 변호인의 조력을 받을 권리를 가진다. 다만, 형사피고인이 스스로 변호인을 구할 수 없을 때에는 법률이 정하는 바에 의하여 국가가 변호인을 붙인다.
⑤ 누구든지 체포 또는 구속의 이유와 변호인의 조력을 받을 권리가 있음을 고지받지 아니하고는 체포 또는 구속을 당하지 아니한다. 체포 또는 구속을 당한 자의 가족등 법률이 정하는 자에게는 그 이유와 일시·장소가 지체없이 통지되어야 한다.
⑥ 누구든지 체포 또는 구속을 당한 때에는 적부의 심사를 법원에 청구할 권리를 가진다.
⑦ 피고인의 자백이 고문·폭행·협박·구속의 부당한 장기화 또는 기망 기타의 방법에 의하여 자의로 진술된 것이 아니라고 인정될 때 또는 정식재판에 있어서 피고인의 자백이 그에게 불리한 유일한 증거일 때에는 이를 유죄의 증거로 삼거나 이를 이유로 처벌할 수 없다.

제13조
① 모든 국민은 행위시의 법률에 의하여 범죄를 구성하지 아니하는 행위로 소추되지 아니하며, 동일한 범죄에 대하여 거듭 처벌받지 아니한다.
② 모든 국민은 소급입법에 의하여 참정권의 제한을 받거나 재산권을 박탈당하지 아니한다.
③ 모든 국민은 자기의 행위가 아닌 친족의 행위로 인하여 불이익한 처우를 받지 아니한다.

제14조 모든 국민은 거주·이전의 자유를 가진다.

제15조 모든 국민은 직업선택의 자유를 가진다.

제16조 모든 국민은 주거의 자유를 침해받지 아니한다. 주거에 대한 압수나 수색을 할 때에는 검사의 신청에 의하여 법관이 발부한 영장을 제시하여야 한다.

제17조 모든 국민은 사생활의 비밀과 자유를 침해받지 아니한다.

제18조 모든 국민은 통신의 비밀을 침해받지 아니한다.

제19조 모든 국민은 양심의 자유를 가진다.

제20조
① 모든 국민은 종교의 자유를 가진다.
② 국교는 인정되지 아니하며, 종교와 정치는 분리된다.

제21조
① 모든 국민은 언론·출판의 자유와 집회·결사의 자유를 가진다.
② 언론·출판에 대한 허가나 검열과 집회·결사에 대한 허가는 인정되지 아니한다.
③ 통신·방송의 시설기준과 신문의 기능을 보장하기 위하여 필요한 사항은 법률로 정한다.
④ 언론·출판은 타인의 명예나 권리 또는 공중도덕이나 사회윤리를 침해하여서는 아니된다. 언론·출판이 타인의 명예나 권리를 침해한 때에는 피해자는 이에 대한 피해의 배상을 청구할 수 있다.

제22조
① 모든 국민은 학문과 예술의 자유를 가진다.
② 저작자·발명가·과학기술자와 예술가의 권리는 법률로써 보호한다.
제23조
① 모든 국민의 재산권은 보장된다. 그 내용과 한계는 법률로 정한다.
② 재산권의 행사는 공공복리에 적합하도록 하여야 한다.
③ 공공필요에 의한 재산권의 수용·사용 또는 제한 및 그에 대한 보상은 법률로써 하되, 정당한 보상을 지급하여야 한다.
제24조 모든 국민은 법률이 정하는 바에 의하여 선거권을 가진다.
제25조 모든 국민은 법률이 정하는 바에 의하여 공무담임권을 가진다.
제26조
① 모든 국민은 법률이 정하는 바에 의하여 국가기관에 문서로 청원할 권리를 가진다.
② 국가는 청원에 대하여 심사할 의무를 진다.
제27조
① 모든 국민은 헌법과 법률이 정한 법관에 의하여 법률에 의한 재판을 받을 권리를 가진다.
② 군인 또는 군무원이 아닌 국민은 대한민국의 영역안에서는 중대한 군사상 기밀·초병·초소·유독음식물공급·포로·군용물에 관한 죄중 법률이 정한 경우와 비상계엄이 선포된 경우를 제외하고는 군사법원의 재판을 받지 아니한다.
③ 모든 국민은 신속한 재판을 받을 권리를 가진다. 형사피고인은 상당한 이유가 없는 한 지체없이 공개재판을 받을 권리를 가진다.
④ 형사피고인은 유죄의 판결이 확정될 때까지는 무죄로 추정된다.
⑤ 형사피해자는 법률이 정하는 바에 의하여 당해 사건의 재판절차에서 진술할 수 있다.
제28조 형사피의자 또는 형사피고인으로서 구금되었던 자가 법률이 정하는 불기소처분을 받거나 무죄판결을 받은 때에는 법률이 정하는 바에 의하여 국가에 정당한 보상을 청구할 수 있다.
제29조
① 공무원의 직무상 불법행위로 손해를 받은 국민은 법률이 정하는 바에 의하여 국가 또는 공공단체에 정당한 배상을 청구할 수 있다. 이 경우 공무원 자신의 책임은 면제되지 아니한다.
② 군인·군무원·경찰공무원 기타 법률이 정하는 자가 전투·훈련등 직무집행과 관련하여 받은 손해에 대하여는 법률이 정하는 보상외에 국가 또는 공공단체에 공무원의 직무상 불법행위로 인한 배상은 청구할 수 없다.
제30조 타인의 범죄행위로 인하여 생명·신체에 대한 피해를 받은 국민은 법률이 정하는 바에 의하여 국가로부터 구조를 받을 수 있다.

끝

제31조
① 모든 국민은 능력에 따라 균등하게 교육을 받을 권리를 가진다.
② 모든 국민은 그 보호하는 자녀에게 적어도 초등교육과 법률이 정하는 교육을 받게 할 의무를 진다.
③ 의무교육은 무상으로 한다.
④ 교육의 자주성·전문성·정치적 중립성 및 대학의 자율성은 법률이 정하는 바에 의하여 보장된다.
⑤ 국가는 평생교육을 진흥하여야 한다.
⑥ 학교교육 및 평생교육을 포함한 교육제도와 그 운영, 교육재정 및 교원의 지위에 관한 기본적인 사항은 법률로 정한다.

제32조
① 모든 국민은 근로의 권리를 가진다. 국가는 사회적·경제적 방법으로 근로자의 고용의 증진과 적정임금의 보장에 노력하여야 하며, 법률이 정하는 바에 의하여 최저임금제를 시행하여야 한다.
② 모든 국민은 근로의 의무를 진다. 국가는 근로의 의무의 내용과 조건을 민주주의원칙에 따라 법률로 정한다.
③ 근로조건의 기준은 인간의 존엄성을 보장하도록 법률로 정한다.
④ 여자의 근로는 특별한 보호를 받으며, 고용·임금 및 근로조건에 있어서 부당한 차별을 받지 아니한다.
⑤ 연소자의 근로는 특별한 보호를 받는다.
⑥ 국가유공자·상이군경 및 전몰군경의 유가족은 법률이 정하는 바에 의하여 우선적으로 근로의 기회를 부여받는다.

제33조
① 근로자는 근로조건의 향상을 위하여 자주적인 단결권·단체교섭권 및 단체행동권을 가진다.
② 공무원인 근로자는 법률이 정하는 자에 한하여 단결권·단체교섭권 및 단체행동권을 가진다.
③ 법률이 정하는 주요방위산업체에 종사하는 근로자의 단체행동권은 법률이 정하는 바에 의하여 이를 제한하거나 인정하지 아니할 수 있다.

제34조
① 모든 국민은 인간다운 생활을 할 권리를 가진다.
② 국가는 사회보장·사회복지의 증진에 노력할 의무를 진다.
③ 국가는 여자의 복지와 권익의 향상을 위하여 노력하여야 한다.
④ 국가는 노인과 청소년의 복지향상을 위한 정책을 실시할 의무를 진다.
⑤ 신체장애자 및 질병·노령 기타의 사유로 생활능력이 없는 국민은 법률이 정하는 바에 의하여 국가의 보호를 받는다.

⑥ 국가는 재해를 예방하고 그 위험으로부터 국민을 보호하기 위하여 노력하여야 한다.

제35조
① 모든 국민은 건강하고 쾌적한 환경에서 생활할 권리를 가지며, 국가와 국민은 환경보전을 위하여 노력하여야 한다.
② 환경권의 내용과 행사에 관하여는 법률로 정한다.
③ 국가는 주택개발정책등을 통하여 모든 국민이 쾌적한 주거생활을 할 수 있도록 노력하여야 한다.

제36조
① 혼인과 가족생활은 개인의 존엄과 양성의 평등을 기초로 성립되고 유지되어야 하며, 국가는 이를 보장한다.
② 국가는 모성의 보호를 위하여 노력하여야 한다.
③ 모든 국민은 보건에 관하여 국가의 보호를 받는다.

제37조
① 국민의 자유와 권리는 헌법에 열거되지 아니한 이유로 경시되지 아니한다.
② 국민의 모든 자유와 권리는 국가안전보장·질서유지 또는 공공복리를 위하여 필요한 경우에 한하여 법률로써 제한할 수 있으며, 제한하는 경우에도 자유와 권리의 본질적인 내용을 침해할 수 없다.

제38조 모든 국민은 법률이 정하는 바에 의하여 납세의 의무를 진다.

제39조
① 모든 국민은 법률이 정하는 바에 의하여 국방의 의무를 진다.
② 누구든지 병역의무의 이행으로 인하여 불이익한 처우를 받지 아니한다.

제3장 국회

제40조 입법권은 국회에 속한다.

제41조
① 국회는 국민의 보통·평등·직접·비밀선거에 의하여 선출된 국회의원으로 구성한다.
② 국회의원의 수는 법률로 정하되, 200인 이상으로 한다.
③ 국회의원의 선거구와 비례대표제 기타 선거에 관한 사항은 법률로 정한다.

제42조 국회의원의 임기는 4년으로 한다.

제43조 국회의원은 법률이 정하는 직을 겸할 수 없다.

제44조
① 국회의원은 현행범인인 경우를 제외하고는 회기중 국회의 동의없이 체포 또는 구금되지 아니한다.

끝

② 국회의원이 회기전에 체포 또는 구금된 때에는 현행범인이 아닌 한 국회의 요구가 있으면 회기중 석방된다.

제45조 국회의원은 국회에서 직무상 행한 발언과 표결에 관하여 국회외에서 책임을 지지 아니한다.

제46조
① 국회의원은 청렴의 의무가 있다.
② 국회의원은 국가이익을 우선하여 양심에 따라 직무를 행한다.
③ 국회의원은 그 지위를 남용하여 국가·공공단체 또는 기업체와의 계약이나 그 처분에 의하여 재산상의 권리·이익 또는 직위를 취득하거나 타인을 위하여 그 취득을 알선할 수 없다.

제47조
① 국회의 정기회는 법률이 정하는 바에 의하여 매년 1회 집회되며, 국회의 임시회는 대통령 또는 국회재적의원 4분의 1 이상의 요구에 의하여 집회된다.
② 정기회의 회기는 100일을, 임시회의 회기는 30일을 초과할 수 없다.
③ 대통령이 임시회의 집회를 요구할 때에는 기간과 집회요구의 이유를 명시하여야 한다.

제48조 국회는 의장 1인과 부의장 2인을 선출한다.

제49조 국회는 헌법 또는 법률에 특별한 규정이 없는 한 재적의원 과반수의 출석과 출석의원 과반수의 찬성으로 의결한다. 가부동수인 때에는 부결된 것으로 본다.

제50조
① 국회의 회의는 공개한다. 다만, 출석의원 과반수의 찬성이 있거나 의장이 국가의 안전보장을 위하여 필요하다고 인정할 때에는 공개하지 아니할 수 있다.
② 공개하지 아니한 회의내용의 공표에 관하여는 법률이 정하는 바에 의한다.

제51조 국회에 제출된 법률안 기타의 의안은 회기중에 의결되지 못한 이유로 폐기되지 아니한다. 다만, 국회의원의 임기가 만료된 때에는 그러하지 아니하다.

제52조 국회의원과 정부는 법률안을 제출할 수 있다.

제53조
① 국회에서 의결된 법률안은 정부에 이송되어 15일 이내에 대통령이 공포한다.
② 법률안에 이의가 있을 때에는 대통령은 제1항의 기간내에 이의서를 붙여 국회로 환부하고, 그 재의를 요구할 수 있다. 국회의 폐회중에도 또한 같다.
③ 대통령은 법률안의 일부에 대하여 또는 법률안을 수정하여 재의를 요구할 수 없다.
④ 재의의 요구가 있을 때에는 국회는 재의에 붙이고, 재적의원과반수의 출석과 출석의원 3분의 2 이상의 찬성으로 전과 같은 의결을 하면 그 법률안은 법률로서 확정된다.
⑤ 대통령이 제1항의 기간내에 공포나 재의의 요구를 하지 아니한 때에도 그 법률안은 법률로서 확정된다.

⑥ 대통령은 제4항과 제5항의 규정에 의하여 확정된 법률을 지체없이 공포하여야 한다. 제5항에 의하여 법률이 확정된 후 또는 제4항에 의한 확정법률이 정부에 이송된 후 5일 이내에 대통령이 공포하지 아니할 때에는 국회의장이 이를 공포한다.
⑦ 법률은 특별한 규정이 없는 한 공포한 날로부터 20일을 경과함으로써 효력을 발생한다.

제54조
① 국회는 국가의 예산안을 심의·확정한다.
② 정부는 회계연도마다 예산안을 편성하여 회계연도 개시 90일전까지 국회에 제출하고, 국회는 회계연도 개시 30일전까지 이를 의결하여야 한다.
③ 새로운 회계연도가 개시될 때까지 예산안이 의결되지 못한 때에는 정부는 국회에서 예산안이 의결될 때까지 다음의 목적을 위한 경비는 전년도 예산에 준하여 집행할 수 있다.
1. 헌법이나 법률에 의하여 설치된 기관 또는 시설의 유지·운영
2. 법률상 지출의무의 이행
3. 이미 예산으로 승인된 사업의 계속

제55조
① 한 회계연도를 넘어 계속하여 지출할 필요가 있을 때에는 정부는 연한을 정하여 계속비로서 국회의 의결을 얻어야 한다.
② 예비비는 총액으로 국회의 의결을 얻어야 한다. 예비비의 지출은 차기국회의 승인을 얻어야 한다.

제56조 정부는 예산에 변경을 가할 필요가 있을 때에는 추가경정예산안을 편성하여 국회에 제출할 수 있다.

제57조 국회는 정부의 동의없이 정부가 제출한 지출예산 각항의 금액을 증가하거나 새 비목을 설치할 수 없다.

제58조 국채를 모집하거나 예산외에 국가의 부담이 될 계약을 체결하려 할 때에는 정부는 미리 국회의 의결을 얻어야 한다.

제59조 조세의 종목과 세율은 법률로 정한다.

제60조
① 국회는 상호원조 또는 안전보장에 관한 조약, 중요한 국제조직에 관한 조약, 우호통상항해조약, 주권의 제약에 관한 조약, 강화조약, 국가나 국민에게 중대한 재정적 부담을 지우는 조약 또는 입법사항에 관한 조약의 체결·비준에 대한 동의권을 가진다.
② 국회는 선전포고, 국군의 외국에의 파견 또는 외국군대의 대한민국 영역안에서의 주류에 대한 동의권을 가진다.

제61조
① 국회는 국정을 감사하거나 특정한 국정사안에 대하여 조사할 수 있으며, 이에 필요한 서류의 제

출 또는 증인의 출석과 증언이나 의견의 진술을 요구할 수 있다.
② 국정감사 및 조사에 관한 절차 기타 필요한 사항은 법률로 정한다.
제62조
① 국무총리·국무위원 또는 정부위원은 국회나 그 위원회에 출석하여 국정처리상황을 보고하거나 의견을 진술하고 질문에 응답할 수 있다.
② 국회나 그 위원회의 요구가 있을 때에는 국무총리·국무위원 또는 정부위원은 출석·답변하여야 하며, 국무총리 또는 국무위원이 출석요구를 받은 때에는 국무위원 또는 정부위원으로 하여금 출석·답변하게 할 수 있다.
제63조
① 국회는 국무총리 또는 국무위원의 해임을 대통령에게 건의할 수 있다.
② 제1항의 해임건의는 국회재적의원 3분의 1 이상의 발의에 의하여 국회재적의원 과반수의 찬성이 있어야 한다.
제64조
① 국회는 법률에 저촉되지 아니하는 범위안에서 의사와 내부규율에 관한 규칙을 제정할 수 있다.
② 국회는 의원의 자격을 심사하며, 의원을 징계할 수 있다.
③ 의원을 제명하려면 국회재적의원 3분의 2 이상의 찬성이 있어야 한다.
④ 제2항과 제3항의 처분에 대하여는 법원에 제소할 수 없다.
제65조
① 대통령·국무총리·국무위원·행정각부의 장·헌법재판소 재판관·법관·중앙선거관리위원회 위원·감사원장·감사위원 기타 법률이 정한 공무원이 그 직무집행에 있어서 헌법이나 법률을 위배한 때에는 국회는 탄핵의 소추를 의결할 수 있다.
② 제1항의 탄핵소추는 국회재적의원 3분의 1 이상의 발의가 있어야 하며, 그 의결은 국회재적의원 과반수의 찬성이 있어야 한다. 다만, 대통령에 대한 탄핵소추는 국회재적의원 과반수의 발의와 국회재적의원 3분의 2 이상의 찬성이 있어야 한다.
③ 탄핵소추의 의결을 받은 자는 탄핵심판이 있을 때까지 그 권한행사가 정지된다.
④ 탄핵결정은 공직으로부터 파면함에 그친다. 그러나, 이에 의하여 민사상이나 형사상의 책임이 면제되지는 아니한다.

제4장 정부

제1절 대통령

제66조
① 대통령은 국가의 원수이며, 외국에 대하여 국가를 대표한다.
② 대통령은 국가의 독립·영토의 보전·국가의 계속성과 헌법을 수호할 책무를 진다.
③ 대통령은 조국의 평화적 통일을 위한 성실한 의무를 진다.
④ 행정권은 대통령을 수반으로 하는 정부에 속한다.
제67조
① 대통령은 국민의 보통·평등·직접·비밀선거에 의하여 선출한다.
② 제1항의 선거에 있어서 최고득표자가 2인 이상인 때에는 국회의 재적의원 과반수가 출석한 공개회의에서 다수표를 얻은 자를 당선자로 한다.
③ 대통령후보자가 1인일 때에는 그 득표수가 선거권자 총수의 3분의 1 이상이 아니면 대통령으로 당선될 수 없다.
④ 대통령으로 선거될 수 있는 자는 국회의원의 피선거권이 있고 선거일 현재 40세에 달하여야 한다.
⑤ 대통령의 선거에 관한 사항은 법률로 정한다.
제68조
① 대통령의 임기가 만료되는 때에는 임기만료 70일 내지 40일전에 후임자를 선거한다.
② 대통령이 궐위된 때 또는 대통령 당선자가 사망하거나 판결 기타의 사유로 그 자격을 상실한 때에는 60일 이내에 후임자를 선거한다.
제69조 대통령은 취임에 즈음하여 다음의 선서를 한다.
"나는 헌법을 준수하고 국가를 보위하며 조국의 평화적 통일과 국민의 자유와 복리의 증진 및 민족문화의 창달에 노력하여 대통령으로서의 직책을 성실히 수행할 것을 국민 앞에 엄숙히 선서합니다."
제70조 대통령의 임기는 5년으로 하며, 중임할 수 없다.
제71조 대통령이 궐위되거나 사고로 인하여 직무를 수행할 수 없을 때에는 국무총리, 법률이 정한 국무위원의 순서로 그 권한을 대행한다.
제72조 대통령은 필요하다고 인정할 때에는 외교·국방·통일 기타 국가안위에 관한 중요정책을 국민투표에 붙일 수 있다.
제73조 대통령은 조약을 체결·비준하고, 외교사절을 신임·접수 또는 파견하며, 선전포고와 강화를 한다.

제74조
① 대통령은 헌법과 법률이 정하는 바에 의하여 국군을 통수한다.
② 국군의 조직과 편성은 법률로 정한다.
제75조 대통령은 법률에서 구체적으로 범위를 정하여 위임받은 사항과 법률을 집행하기 위하여 필요한 사항에 관하여 대통령령을 발할 수 있다.
제76조
① 대통령은 내우·외환·천재·지변 또는 중대한 재정·경제상의 위기에 있어서 국가의 안전보장 또는 공공의 안녕질서를 유지하기 위하여 긴급한 조치가 필요하고 국회의 집회를 기다릴 여유가 없을 때에 한하여 최소한으로 필요한 재정·경제상의 처분을 하거나 이에 관하여 법률의 효력을 가지는 명령을 발할 수 있다.
② 대통령은 국가의 안위에 관계되는 중대한 교전상태에 있어서 국가를 보위하기 위하여 긴급한 조치가 필요하고 국회의 집회가 불가능한 때에 한하여 법률의 효력을 가지는 명령을 발할 수 있다.
③ 대통령은 제1항과 제2항의 처분 또는 명령을 한 때에는 지체없이 국회에 보고하여 그 승인을 얻어야 한다.
④ 제3항의 승인을 얻지 못한 때에는 그 처분 또는 명령은 그때부터 효력을 상실한다. 이 경우 그 명령에 의하여 개정 또는 폐지되었던 법률은 그 명령이 승인을 얻지 못한 때부터 당연히 효력을 회복한다.
⑤ 대통령은 제3항과 제4항의 사유를 지체없이 공포하여야 한다.
제77조
① 대통령은 전시·사변 또는 이에 준하는 국가비상사태에 있어서 병력으로써 군사상의 필요에 응하거나 공공의 안녕질서를 유지할 필요가 있을 때에는 법률이 정하는 바에 의하여 계엄을 선포할 수 있다.
② 계엄은 비상계엄과 경비계엄으로 한다.
③ 비상계엄이 선포된 때에는 법률이 정하는 바에 의하여 영장제도, 언론·출판·집회·결사의 자유, 정부나 법원의 권한에 관하여 특별한 조치를 할 수 있다.
④ 계엄을 선포한 때에는 대통령은 지체없이 국회에 통고하여야 한다.
⑤ 국회가 재적의원 과반수의 찬성으로 계엄의 해제를 요구한 때에는 대통령은 이를 해제하여야 한다.
제78조 대통령은 헌법과 법률이 정하는 바에 의하여 공무원을 임면한다.
제79조
① 대통령은 법률이 정하는 바에 의하여 사면·감형 또는 복권을 명할 수 있다.
② 일반사면을 명하려면 국회의 동의를 얻어야 한다.

③ 사면·감형 및 복권에 관한 사항은 법률로 정한다.
제80조 대통령은 법률이 정하는 바에 의하여 훈장 기타의 영전을 수여한다.
제81조 대통령은 국회에 출석하여 발언하거나 서한으로 의견을 표시할 수 있다.
제82조 대통령의 국법상 행위는 문서로써 하며, 이 문서에는 국무총리와 관계 국무위원이 부서한다. 군사에 관한 것도 또한 같다.
제83조 대통령은 국무총리·국무위원·행정각부의 장 기타 법률이 정하는 공사의 직을 겸할 수 없다.
제84조 대통령은 내란 또는 외환의 죄를 범한 경우를 제외하고는 재직중 형사상의 소추를 받지 아니한다.
제85조 전직대통령의 신분과 예우에 관하여는 법률로 정한다.

제2절 행정부

제1관 국무총리와 국무위원
제86조
① 국무총리는 국회의 동의를 얻어 대통령이 임명한다.
② 국무총리는 대통령을 보좌하며, 행정에 관하여 대통령의 명을 받아 행정각부를 통할한다.
③ 군인은 현역을 면한 후가 아니면 국무총리로 임명될 수 없다.
제87조
① 국무위원은 국무총리의 제청으로 대통령이 임명한다.
② 국무위원은 국정에 관하여 대통령을 보좌하며, 국무회의 구성원으로서 국정을 심의한다.
③ 국무총리는 국무위원의 해임을 대통령에게 건의할 수 있다.
④ 군인은 현역을 면한 후가 아니면 국무위원으로 임명될 수 없다.

제2관 국무회의
제88조
① 국무회의는 정부의 권한에 속하는 중요한 정책을 심의한다.
② 국무회의는 대통령·국무총리와 15인 이상 30인 이하의 국무위원으로 구성한다.
③ 대통령은 국무회의의 의장이 되고, 국무총리는 부의장이 된다.
제89조 다음 사항은 국무회의의 심의를 거쳐야 한다.
1. 국정의 기본계획과 정부의 일반정책
2. 선전·강화 기타 중요한 대외정책
3. 헌법개정안·국민투표안·조약안·법률안 및 대통령령안

끝

4. 예산안·결산·국유재산처분의 기본계획·국가의 부담이 될 계약 기타 재정에 관한 중요사항
5. 대통령의 긴급명령·긴급재정경제처분 및 명령 또는 계엄과 그 해제
6. 군사에 관한 중요사항
7. 국회의 임시회 집회의 요구
8. 영전수여
9. 사면·감형과 복권
10. 행정각부간의 권한의 획정
11. 정부안의 권한의 위임 또는 배정에 관한 기본계획
12. 국정처리상황의 평가·분석
13. 행정각부의 중요한 정책의 수립과 조정
14. 정당해산의 제소
15. 정부에 제출 또는 회부된 정부의 정책에 관계되는 청원의 심사
16. 검찰총장·합동참모의장·각군참모총장·국립대학교총장·대사 기타 법률이 정한 공무원과 국영기업체관리자의 임명
17. 기타 대통령·국무총리 또는 국무위원이 제출한 사항

제90조
① 국정의 중요한 사항에 관한 대통령의 자문에 응하기 위하여 국가원로로 구성되는 국가원로자문회의를 둘 수 있다.
② 국가원로자문회의의 의장은 직전대통령이 된다. 다만, 직전대통령이 없을 때에는 대통령이 지명한다.
③ 국가원로자문회의의 조직·직무범위 기타 필요한 사항은 법률로 정한다.

제91조
① 국가안전보장에 관련되는 대외정책·군사정책과 국내정책의 수립에 관하여 국무회의의 심의에 앞서 대통령의 자문에 응하기 위하여 국가안전보장회의를 둔다.
② 국가안전보장회의는 대통령이 주재한다.
③ 국가안전보장회의의 조직·직무범위 기타 필요한 사항은 법률로 정한다.

제92조
① 평화통일정책의 수립에 관한 대통령의 자문에 응하기 위하여 민주평화통일자문회의를 둘 수 있다.
② 민주평화통일자문회의의 조직·직무범위 기타 필요한 사항은 법률로 정한다.

제93조
① 국민경제의 발전을 위한 중요정책의 수립에 관하여 대통령의 자문에 응하기 위하여 국민경제자

문회의를 둘 수 있다.
② 국민경제자문회의의 조직·직무범위 기타 필요한 사항은 법률로 정한다.

제3관 행정각부
제94조 행정각부의 장은 국무위원 중에서 국무총리의 제청으로 대통령이 임명한다.
제95조 국무총리 또는 행정각부의 장은 소관사무에 관하여 법률이나 대통령령의 위임 또는 직권으로 총리령 또는 부령을 발할 수 있다.
제96조 행정각부의 설치·조직과 직무범위는 법률로 정한다.

제4관 감사원
제97조 국가의 세입·세출의 결산, 국가 및 법률이 정한 단체의 회계검사와 행정기관 및 공무원의 직무에 관한 감찰을 하기 위하여 대통령 소속하에 감사원을 둔다.
제98조
① 감사원은 원장을 포함한 5인 이상 11인 이하의 감사위원으로 구성한다.
② 원장은 국회의 동의를 얻어 대통령이 임명하고, 그 임기는 4년으로 하며, 1차에 한하여 중임할 수 있다.
③ 감사위원은 원장의 제청으로 대통령이 임명하고, 그 임기는 4년으로 하며, 1차에 한하여 중임할 수 있다.
제99조 감사원은 세입·세출의 결산을 매년 검사하여 대통령과 차년도국회에 그 결과를 보고하여야 한다.
제100조 감사원의 조직·직무범위·감사위원의 자격·감사대상공무원의 범위 기타 필요한 사항은 법률로 정한다.

제5장 법원

제101조
① 사법권은 법관으로 구성된 법원에 속한다.
② 법원은 최고법원인 대법원과 각급법원으로 조직된다.
③ 법관의 자격은 법률로 정한다.
제102조
① 대법원에 부를 둘 수 있다.
② 대법원에 대법관을 둔다. 다만, 법률이 정하는 바에 의하여 대법관이 아닌 법관을 둘 수 있다.

끝

③ 대법원과 각급법원의 조직은 법률로 정한다.
제103조 법관은 헌법과 법률에 의하여 그 양심에 따라 독립하여 심판한다.
제104조
① 대법원장은 국회의 동의를 얻어 대통령이 임명한다.
② 대법관은 대법원장의 제청으로 국회의 동의를 얻어 대통령이 임명한다.
③ 대법원장과 대법관이 아닌 법관은 대법관회의의 동의를 얻어 대법원장이 임명한다.
제105조
① 대법원장의 임기는 6년으로 하며, 중임할 수 없다.
② 대법관의 임기는 6년으로 하며, 법률이 정하는 바에 의하여 연임할 수 있다.
③ 대법원장과 대법관이 아닌 법관의 임기는 10년으로 하며, 법률이 정하는 바에 의하여 연임할 수 있다.
④ 법관의 정년은 법률로 정한다.
제106조
① 법관은 탄핵 또는 금고 이상의 형의 선고에 의하지 아니하고는 파면되지 아니하며, 징계처분에 의하지 아니하고는 정직·감봉 기타 불리한 처분을 받지 아니한다.
② 법관이 중대한 심신상의 장해로 직무를 수행할 수 없을 때에는 법률이 정하는 바에 의하여 퇴직하게 할 수 있다.
제107조
① 법률이 헌법에 위반되는 여부가 재판의 전제가 된 경우에는 법원은 헌법재판소에 제청하여 그 심판에 의하여 재판한다.
② 명령·규칙 또는 처분이 헌법이나 법률에 위반되는 여부가 재판의 전제가 된 경우에는 대법원은 이를 최종적으로 심사할 권한을 가진다.
③ 재판의 전심절차로서 행정심판을 할 수 있다. 행정심판의 절차는 법률로 정하되, 사법절차가 준용되어야 한다.
제108조 대법원은 법률에 저촉되지 아니하는 범위안에서 소송에 관한 절차, 법원의 내부규율과 사무처리에 관한 규칙을 제정할 수 있다.
제109조 재판의 심리와 판결은 공개한다. 다만, 심리는 국가의 안전보장 또는 안녕질서를 방해하거나 선량한 풍속을 해할 염려가 있을 때에는 법원의 결정으로 공개하지 아니할 수 있다.
제110조
① 군사재판을 관할하기 위하여 특별법원으로서 군사법원을 둘 수 있다.
② 군사법원의 상고심은 대법원에서 관할한다.
③ 군사법원의 조직·권한 및 재판관의 자격은 법률로 정한다.

④ 비상계엄하의 군사재판은 군인·군무원의 범죄나 군사에 관한 간첩죄의 경우와 초병·초소·유독음식물공급·포로에 관한 죄중 법률이 정한 경우에 한하여 단심으로 할 수 있다. 다만, 사형을 선고한 경우에는 그러하지 아니하다.

제6장 헌법재판소

제111조
① 헌법재판소는 다음 사항을 관장한다.
1. 법원의 제청에 의한 법률의 위헌여부 심판
2. 탄핵의 심판
3. 정당의 해산 심판
4. 국가기관 상호간, 국가기관과 지방자치단체간 및 지방자치단체 상호간의 권한쟁의에 관한 심판
5. 법률이 정하는 헌법소원에 관한 심판
② 헌법재판소는 법관의 자격을 가진 9인의 재판관으로 구성하며, 재판관은 대통령이 임명한다.
③ 제2항의 재판관중 3인은 국회에서 선출하는 자를, 3인은 대법원장이 지명하는 자를 임명한다.
④ 헌법재판소의 장은 국회의 동의를 얻어 재판관중에서 대통령이 임명한다.

제112조
① 헌법재판소 재판관의 임기는 6년으로 하며, 법률이 정하는 바에 의하여 연임할 수 있다.
② 헌법재판소 재판관은 정당에 가입하거나 정치에 관여할 수 없다.
③ 헌법재판소 재판관은 탄핵 또는 금고 이상의 형의 선고에 의하지 아니하고는 파면되지 아니한다.

제113조
① 헌법재판소에서 법률의 위헌결정, 탄핵의 결정, 정당해산의 결정 또는 헌법소원에 관한 인용결정을 할 때에는 재판관 6인 이상의 찬성이 있어야 한다.
② 헌법재판소는 법률에 저촉되지 아니하는 범위안에서 심판에 관한 절차, 내부규율과 사무처리에 관한 규칙을 제정할 수 있다.
③ 헌법재판소의 조직과 운영 기타 필요한 사항은 법률로 정한다.

끝

제7장 선거관리

제114조
① 선거와 국민투표의 공정한 관리 및 정당에 관한 사무를 처리하기 위하여 선거관리위원회를 둔다.
② 중앙선거관리위원회는 대통령이 임명하는 3인, 국회에서 선출하는 3인과 대법원장이 지명하는 3인의 위원으로 구성한다. 위원장은 위원중에서 호선한다.
③ 위원의 임기는 6년으로 한다.
④ 위원은 정당에 가입하거나 정치에 관여할 수 없다.
⑤ 위원은 탄핵 또는 금고 이상의 형의 선고에 의하지 아니하고는 파면되지 아니한다.
⑥ 중앙선거관리위원회는 법령의 범위안에서 선거관리·국민투표관리 또는 정당사무에 관한 규칙을 제정할 수 있으며, 법률에 저촉되지 아니하는 범위안에서 내부규율에 관한 규칙을 제정할 수 있다.
⑦ 각급 선거관리위원회의 조직·직무범위 기타 필요한 사항은 법률로 정한다.

제115조
① 각급 선거관리위원회는 선거인명부의 작성등 선거사무와 국민투표사무에 관하여 관계 행정기관에 필요한 지시를 할 수 있다.
② 제1항의 지시를 받은 당해 행정기관은 이에 응하여야 한다.

제116조
① 선거운동은 각급 선거관리위원회의 관리하에 법률이 정하는 범위안에서 하되, 균등한 기회가 보장되어야 한다.
② 선거에 관한 경비는 법률이 정하는 경우를 제외하고는 정당 또는 후보자에게 부담시킬 수 없다.

제8장 지방자치

제117조
① 지방자치단체는 주민의 복리에 관한 사무를 처리하고 재산을 관리하며, 법령의 범위안에서 자치에 관한 규정을 제정할 수 있다.
② 지방자치단체의 종류는 법률로 정한다.

제118조
① 지방자치단체에 의회를 둔다.
② 지방의회의 조직·권한·의원선거와 지방자치단체의 장의 선임방법 기타 지방자치단체의 조직과 운영에 관한 사항은 법률로 정한다.

제9장 경제

제119조
① 대한민국의 경제질서는 개인과 기업의 경제상의 자유와 창의를 존중함을 기본으로 한다.
② 국가는 균형있는 국민경제의 성장 및 안정과 적정한 소득의 분배를 유지하고, 시장의 지배와 경제력의 남용을 방지하며, 경제주체간의 조화를 통한 경제의 민주화를 위하여 경제에 관한 규제와 조정을 할 수 있다.

제120조
① 광물 기타 중요한 지하자원·수산자원·수력과 경제상 이용할 수 있는 자연력은 법률이 정하는 바에 의하여 일정한 기간 그 채취·개발 또는 이용을 특허할 수 있다.
② 국토와 자원은 국가의 보호를 받으며, 국가는 그 균형있는 개발과 이용을 위하여 필요한 계획을 수립한다.

제121조
① 국가는 농지에 관하여 경자유전의 원칙이 달성될 수 있도록 노력하여야 하며, 농지의 소작제도는 금지된다.
② 농업생산성의 제고와 농지의 합리적인 이용을 위하거나 불가피한 사정으로 발생하는 농지의 임대차와 위탁경영은 법률이 정하는 바에 의하여 인정된다.

제122조 국가는 국민 모두의 생산 및 생활의 기반이 되는 국토의 효율적이고 균형있는 이용·개발과 보전을 위하여 법률이 정하는 바에 의하여 그에 관한 필요한 제한과 의무를 과할 수 있다.

제123조
① 국가는 농업 및 어업을 보호·육성하기 위하여 농·어촌종합개발과 그 지원등 필요한 계획을 수립·시행하여야 한다.
② 국가는 지역간의 균형있는 발전을 위하여 지역경제를 육성할 의무를 진다.
③ 국가는 중소기업을 보호·육성하여야 한다.
④ 국가는 농수산물의 수급균형과 유통구조의 개선에 노력하여 가격안정을 도모함으로써 농·어민의 이익을 보호한다.
⑤ 국가는 농·어민과 중소기업의 자조조직을 육성하여야 하며, 그 자율적 활동과 발전을 보장한다.

제124조 국가는 건전한 소비행위를 계도하고 생산품의 품질향상을 촉구하기 위한 소비자보호운동을 법률이 정하는 바에 의하여 보장한다.

제125조 국가는 대외무역을 육성하며, 이를 규제·조정할 수 있다.

제126조 국방상 또는 국민경제상 긴절한 필요로 인하여 법률이 정하는 경우를 제외하고는, 사영기업을 국유 또는 공유로 이전하거나 그 경영을 통제 또는 관리할 수 없다.

끝

제127조
① 국가는 과학기술의 혁신과 정보 및 인력의 개발을 통하여 국민경제의 발전에 노력하여야 한다.
② 국가는 국가표준제도를 확립한다.
③ 대통령은 제1항의 목적을 달성하기 위하여 필요한 자문기구를 둘 수 있다.

제10장 헌법개정

제128조
① 헌법개정은 국회재적의원 과반수 또는 대통령의 발의로 제안된다.
② 대통령의 임기연장 또는 중임변경을 위한 헌법개정은 그 헌법개정 제안 당시의 대통령에 대하여는 효력이 없다.
제129조 제안된 헌법개정안은 대통령이 20일 이상의 기간 이를 공고하여야 한다.
제130조
① 국회는 헌법개정안이 공고된 날로부터 60일 이내에 의결하여야 하며, 국회의 의결은 재적의원 3분의 2 이상의 찬성을 얻어야 한다.
② 헌법개정안은 국회가 의결한 후 30일 이내에 국민투표에 붙여 국회의원선거권자 과반수의 투표와 투표자 과반수의 찬성을 얻어야 한다.
③ 헌법개정안이 제2항의 찬성을 얻은 때에는 헌법개정은 확정되며, 대통령은 즉시 이를 공포하여야 한다.

부칙 〈제10호, 1987. 10. 29.〉
제1조 이 헌법은 1988년 2월 25일부터 시행한다. 다만, 이 헌법을 시행하기 위하여 필요한 법률의 제정·개정과 이 헌법에 의한 대통령 및 국회의원의 선거 기타 이 헌법시행에 관한 준비는 이 헌법시행 전에 할 수 있다.
제2조
① 이 헌법에 의한 최초의 대통령선거는 이 헌법시행일 40일 전까지 실시한다.
② 이 헌법에 의한 최초의 대통령의 임기는 이 헌법시행일로부터 개시한다.
제3조
① 이 헌법에 의한 최초의 국회의원선거는 이 헌법공포일로부터 6월 이내에 실시하며, 이 헌법에 의하여 선출된 최초의 국회의원의 임기는 국회의원선거후 이 헌법에 의한 국회의 최초의 집회일로부터 개시한다.
② 이 헌법공포 당시의 국회의원의 임기는 제1항에 의한 국회의 최초의 집회일 전일까지로 한다.

제4조
① 이 헌법시행 당시의 공무원과 정부가 임명한 기업체의 임원은 이 헌법에 의하여 임명된 것으로 본다. 다만, 이 헌법에 의하여 선임방법이나 임명권자가 변경된 공무원과 대법원장 및 감사원장은 이 헌법에 의하여 후임자가 선임될 때까지 그 직무를 행하며, 이 경우 전임자인 공무원의 임기는 후임자가 선임되는 전일까지로 한다.
② 이 헌법시행 당시의 대법원장과 대법원판사가 아닌 법관은 제1항 단서의 규정에 불구하고 이 헌법에 의하여 임명된 것으로 본다.
③ 이 헌법중 공무원의 임기 또는 중임제한에 관한 규정은 이 헌법에 의하여 그 공무원이 최초로 선출 또는 임명된 때로부터 적용한다.

제5조 이 헌법시행 당시의 법령과 조약은 이 헌법에 위배되지 아니하는 한 그 효력을 지속한다.

제6조 이 헌법시행 당시에 이 헌법에 의하여 새로 설치될 기관의 권한에 속하는 직무를 행하고 있는 기관은 이 헌법에 의하여 새로운 기관이 설치될 때까지 존속하며 그 직무를 행한다.

끝

끝

문재인대통령 헌법개정안

전문

유구한 역사와 전통에 빛나는 우리 대한국민은 3·1운동으로 건립된 대한민국임시정부의 법통과 불의에 항거한 4·19혁명, 부마민주항쟁과 5·18민주화운동, 6·10항쟁의 민주이념을 계승하고, 조국의 민주개혁과 평화 통일의 사명을 바탕으로 정의·인도와 동포애로써 민족의 단결을 공고히 하고, 모든 사회적 폐습과 불의를 타파하며, 자치와 분권을 강화하고, 자율과 조화를 바탕으로 자유민주적 기본질서를 더욱 확고히 하여 정치·경제·사회·문화의 모든 영역에서 개개인의 기회를 균등히 하고, 능력을 최고도로 발휘하게 하며, 자유와 권리에 따르는 책임과 의무를 완수하게 하여, 안으로는 국민생활의 균등한 향상과 지역 간 균형발전을 도모하고 밖으로는 항구적인 세계평화와 인류공영에 이바지함으로써 자연과의 공존 속에서 우리들과 미래 세대의 안전과 자유와 행복을 영원히 확보할 것을 다짐하면서 1948년 7월 12일에 제정되고 9차에 걸쳐 개정된 헌법을 이제 국회의 의결을 거쳐 국민투표에 의하여 개정한다.

제1장 총강

제1조
① 대한민국은 민주공화국이다.
② 대한민국의 주권은 국민에게 있고, 모든 권력은 국민으로부터 나온다.
③ 대한민국은 지방분권국가를 지향한다.
제2조
① 대한민국의 국민이 되는 요건은 법률로 정한다.
② 국가는 법률로 정하는 바에 따라 재외국민을 보호할 의무를 진다.
제3조
① 대한민국의 영토는 한반도와 그 부속도서(附屬島嶼)로 한다.
② 대한민국의 수도에 관한 사항은 법률로 정한다.
제4조 대한민국은 통일을 지향하며, 자유민주적 기본질서에 바탕을 둔 평화 통일 정책을 수립하여 추진한다.
제5조

① 대한민국은 국제평화를 유지하기 위하여 노력하고 침략적 전쟁을 부인한다.
② 국군은 국가의 안전보장과 국토방위의 신성한 의무를 수행함을 사명으로 하며 그 정치적 중립성은 준수된다.

제6조
① 헌법에 따라 체결·공포된 조약과 일반적으로 승인된 국제법규는 국내법과 같은 효력을 가진다.
② 외국인에게는 국제법과 조약으로 정하는 바에 따라 그 지위를 보장한다.

제7조
① 공무원은 국민 전체에게 봉사하며, 국민에 대하여 책임을 진다.
② 공무원의 신분은 법률로 정하는 바에 따라 보장된다.
③ 공무원은 직무를 수행할 때 정치적 중립을 지켜야 한다.
④ 공무원은 재직 중은 물론 퇴직 후에도 공무원의 직무상 공정성과 청렴성을 훼손해서는 안 된다.

제8조
① 정당은 자유롭게 설립할 수 있으며, 복수정당제는 보장된다.
② 정당은 그 목적·조직과 활동이 민주적이어야 한다.
③ 정당은 법률로 정하는 바에 따라 국가의 보호를 받으며, 국가는 정당한 목적과 공정한 기준으로 법률로 정하는 바에 따라 정당운영에 필요한 자금을 보조할 수 있다.
④ 정부는 정당의 목적이나 활동이 민주적 기본질서에 위반될 때에는 헌법재판소에 정당의 해산을 제소할 수 있고, 제소된 정당은 헌법재판소의 심판에 따라 해산된다.

제9조 국가는 문화의 자율성과 다양성을 증진하고, 전통문화를 발전적으로 계승하기 위하여 노력해야 한다.

제2장 기본적 권리와 의무

제10조 모든 사람은 인간으로서 존엄과 가치를 가지며, 행복을 추구할 권리를 가진다. 국가는 개인이 가지는 불가침의 기본적 인권을 확인하고 보장할 의무를 진다.

제11조
① 모든 사람은 법 앞에 평등하다. 누구도 성별·종교·장애·연령·인종·지역 또는 사회적 신분을 이유로 정치적·경제적·사회적·문화적 생활의 모든 영역에서 차별을 받아서는 안 된다.
② 국가는 성별 또는 장애 등으로 인한 차별상태를 시정하고 실질적 평등을 실현하기 위하여 노력해야 한다.
③ 사회적 특수계급 제도는 인정되지 않으며, 어떠한 형태로도 창설할 수 없다.
④ 훈장을 비롯한 영전(榮典)은 받은 자에게만 효력이 있고, 어떠한 특권도 따르지 않는다.

제12조 모든 사람은 생명권을 가지며, 신체와 정신을 훼손당하지 않을권리를 가진다.

제13조

① 모든 사람은 신체의 자유를 가진다. 누구도 법률에 따르지 않고는 체포·구속·압수·수색 또는 심문을 받지 않으며, 법률과 적법한 절차에 따르지 않고는 처벌·보안처분 또는 강제노역을 받지 않는다.

② 누구도 고문당하지 않으며, 형사상 자기에게 불리한 진술을 강요당하지 않는다.

③ 체포·구속이나 압수·수색을 할 때에는 적법한 절차에 따라 청구되고 법관이 발부한 영장을 제시해야 한다. 다만, 현행범인인 경우와 장기 3년 이상의 형에 해당하는 죄를 범하고 도피하거나 증거를 없앨 염려가 있는 경우 사후에 영장을 청구할 수 있다.

④ 누구나 체포 또는 구속을 당한 경우 즉시 변호인의 도움을 받을 권리를 가진다. 형사피의자 또는 형사피고인이 스스로 변호인을 구할 수 없을 때에는 법률로 정하는 바에 따라 국가가 변호인을 선임하여 도움을 받도록 해야 한다.

⑤ 체포나 구속의 이유, 변호인의 도움을 받을 권리와 자기에게 불리한 진술을 강요당하지 않을 권리가 있음을 고지받지 않고는 누구도 체포나 구속을 당하지 않는다. 체포나 구속을 당한 사람의 가족 등 법률로 정하는 사람에게 그 이유와 일시·장소를 지체 없이 통지해야 한다.

⑥ 체포나 구속을 당한 사람은 법원에 그 적부(適否)의 심사를 청구할권리를 가진다.

⑦ 고문·폭행·협박·부당한 장기간의 구속 또는 기망(欺罔), 그 밖의 방법으로 말미암아 자의(自意)로 진술하지 않은 것으로 인정되는피고인의 자백, 또는 정식재판에서 자기에게 불리한 유일한 증거가 되는 피고인의 자백은 유죄의 증거로 삼을 수 없으며, 그런 자백을 이유로 처벌할 수도 없다.

제14조

① 누구도 행위 시의 법률에 따라 범죄를 구성하지 않는 행위로소추되지 않으며, 동일한 범죄로 거듭 처벌받지 않는다.

② 모든 국민은 소급입법(遡及立法)으로 참정권을 제한받거나 재산권을 박탈당하지 않는다.

③ 누구도 자기의 행위가 아닌 친족의 행위로 불이익한 처우를 받지않는다.

제15조 모든 국민은 거주·이전의 자유를 가진다.

제16조 모든 국민은 직업의 자유를 가진다.

제17조

① 모든 사람은 사생활의 비밀과 자유를 침해받지 않는다.

② 모든 사람은 주거의 자유를 침해받지 않는다. 주거에 대한 압수나수색을 하려 할 때에는 적법한 절차에 따라 청구되고 법관이 발부한 영장을 제시해야 한다.

③ 모든 국민은 통신의 비밀을 침해받지 않는다.

제18조 모든 사람은 양심의 자유를 가진다.

제19조
① 모든 사람은 종교의 자유를 가진다.
② 국교는 인정되지 않으며, 종교와 정치는 분리된다.
제20조
① 언론·출판 등 표현의 자유는 보장되며, 이에 대한 허가나 검열은 금지된다.
② 통신·방송·신문의 기능을 보장하기 위하여 필요한 사항은 법률로 정한다.
③ 언론·출판은 타인의 명예나 권리 또는 공중도덕이나 사회윤리를 침해해서는 안 된다. 언론·출판이 타인의 명예나 권리를 침해한 경우 피해자는 이에 대한 배상·정정을 청구할 수 있다.
제21조 집회·결사의 자유는 보장되며, 이에 대한 허가는 금지된다.
제22조
① 모든 국민은 알권리를 가진다.
② 모든 사람은 자신에 관한 정보를 보호받고 그 처리에 관하여 통제할 권리를 가진다.
③ 국가는 정보의 독점과 격차로 인한 폐해를 예방하고 시정하기 위하여 노력해야 한다.
제23조
① 모든 사람은 학문과 예술의 자유를 가진다.
② 대학의 자치는 보장된다.
③ 저작자, 발명가, 과학기술자와 예술가의 권리는 법률로써 보호한다.
제24조
① 모든 국민의 재산권은 보장된다. 그 내용과 한계는 법률로 정한다.
② 재산권은 공공복리에 적합하도록 행사해야 한다.
③ 공공필요에 의한 재산권의 수용·사용 또는 제한 및 그 보상에 관한 사항은 법률로 정하되, 정당한 보상을 해야 한다.
제25조 18세 이상의 모든 국민은 선거권을 가진다. 선거권 행사의 요건과 절차 등 구체적인 사항은 법률로 정한다.
제26조 모든 국민은 공무담임권을 가진다. 구체적인 사항은 법률로 정한다.
제27조
① 모든 사람은 국가기관에 청원할 권리를 가진다. 구체적인 사항은 법률로 정한다.
② 국가는 청원을 심사하여 통지할 의무를 진다.
제28조
① 모든 사람은 헌법과 법률에 따라 법원의 재판을 받을 권리를가진다.
② 군인·군무원이 아닌 사람은 군사법원의 재판을 받지 않는다. 다만, 대한민국의 영역 안에서 비상계엄이 선포되어 군사법원을 두는 경우 중대한 군사상 기밀·초병(哨兵)·초소·유독음식물공급·포

끝

로·군용물(軍用物)에 관한 죄 중 법률로 정한 죄를 범한 사람은 예외로 한다.
③ 모든 국민은 재판을 공정하고 신속하게 받을 권리를 가진다. 형사피고인은 상당한 이유가 없으면 지체 없이 공개 재판을 받을 권리를 가진다.
④ 형사피고인은 유죄 판결이 확정될 때까지는 무죄로 추정한다.
⑤ 형사피해자는 법률로 정하는 바에 따라 해당 사건의 재판절차에서 진술할 수 있다.
제29조 형사피의자 또는 형사피고인으로서 구금되었던 사람이 법률이 정하는 불기소처분이나 무죄판결을 받은 경우 법률로 정하는 바에 따라 국가에 정당한 보상을 청구할 수 있다.
제30조 공무원의 직무상 불법행위로 손해를 입은 국민은 법률로 정하는 바에 따라 국가 또는 공공단체에 정당한 배상을 청구할 수 있다. 이 경우 공무원 자신의 책임은 면제되지는 않는다.
제31조 타인의 범죄행위로 생명·신체에 대한 피해를 입은 국민은 법률로 정하는 바에 따라 국가로부터 구조를 받을 수 있다.
제32조
① 모든 국민은 능력과 적성에 따라 균등하게 교육을 받을 권리를 가진다.
② 모든 국민은 보호하는 자녀 또는 아동에게 적어도 초등교육과 법률로 정하는 교육을 받게 할 의무를 진다.
③ 의무교육은 무상으로 한다.
④ 교육의 자주성·전문성 및 정치적 중립성은 법률로 정하는 바에 따라 보장된다.
⑤ 국가는 평생교육을 진흥해야 한다.
⑥ 학교교육·평생교육을 포함한 교육 제도와 그 운영, 교육재정, 교원의 지위에 관한 기본 사항은 법률로 정한다.
제33조
① 모든 국민은 일할 권리를 가지며, 국가는 고용의 안정과 증진을 위한 정책을 시행해야 한다.
② 국가는 적정임금을 보장하기 위하여 노력해야 하며, 법률로 정하는 바에 따라 최저임금제를 시행해야 한다.
③ 국가는 동일한 가치의 노동에 대해서는 동일한 수준의 임금이 지급되도록 노력해야 한다.
④ 노동조건은 노동자와 사용자가 동등한 지위에서 자유의사에 따라 결정되되, 그 기준은 인간의 존엄성을 보장하도록 법률로 정한다.
⑤ 모든 국민은 고용·임금 및 그 밖의 노동조건에서 임신·출산·육아 등으로 부당하게 차별을 받지 않으며, 국가는 이를 위해 여성의 노동을 보호하는 정책을 시행해야 한다.
⑥ 연소자(年少者)의 노동은 특별한 보호를 받는다.
⑦ 국가유공자·상이군경 및 전몰군경(戰歿軍警)·의사자(義死者)의 유가족은 법률로 정하는 바에 따라 우선적으로 노동의 기회를 부여받는다.

⑧ 국가는 모든 국민이 일과 생활을 균형 있게 할 수 있도록 정책을 시행해야 한다.

제34조
① 노동자는 자주적인 단결권과 단체교섭권을 가진다.
② 노동자는 노동조건의 개선과 그 권익의 보호를 위하여 단체행동권을 가진다.
③ 현역 군인 등 법률로 정하는 공무원의 단결권, 단체교섭권과 단체행동권은 법률로 정하는 바에 따라 제한하거나 인정하지 않을 수 있다.
④ 법률로 정하는 주요 방위산업체에 종사하는 노동자의 단체행동권은 필요한 경우에만 법률로 정하는 바에 따라 제한하거나 인정하지 않을 수 있다.

제35조
① 모든 국민은 인간다운 생활을 할 권리를 가진다.
② 모든 국민은 장애·질병·노령·실업·빈곤 등 다양한 사회적 위험으로부터 벗어나 적정한 삶의 질을 유지할 수 있도록 사회보장을 받을 권리를 가진다.
③ 모든 국민은 임신·출산·양육과 관련하여 국가의 지원을 받을 권리를 가진다.
④ 모든 국민은 쾌적하고 안정적인 주거생활을 할 권리를 가진다.
⑤ 모든 국민은 건강하게 살 권리를 가진다. 국가는 질병을 예방하고 보건의료 제도를 개선하기 위하여 노력해야 하며, 이에 필요한 사항은 법률로 정한다.

제36조
① 어린이와 청소년은 독립된 인격주체로서 존중과 보호를 받을 권리를 가진다.
② 노인은 존엄한 삶을 누리고 정치적·경제적·사회적·문화적 생활에 참여할 권리를 가진다.
③ 장애인은 존엄하고 자립적인 삶을 누리며, 모든 영역에서 동등한 기회를 가지고 참여할 권리를 가진다.

제37조
① 모든 국민은 안전하게 살 권리를 가진다.
② 국가는 재해를 예방하고 그 위험으로부터 사람을 보호해야 한다.

제38조
① 모든 국민은 건강하고 쾌적한 환경에서 생활할 권리를 가진다. 구체적인 내용은 법률로 정한다.
② 국가와 국민은 지속가능한 발전이 가능하도록 환경을 보호해야 한다.
③ 국가는 동물 보호를 위한 정책을 시행해야 한다.

제39조 혼인과 가족생활은 개인의 존엄과 양성의 평등을 바탕으로 성립되고 유지되어야 하며, 국가는 이를 보장한다.

제40조
① 자유와 권리는 헌법에 열거되지 않은 이유로 경시되지 않는다.

끝

② 모든 자유와 권리는 국가안전보장·질서유지 또는 공공복리를 위하여 필요한 경우에만 법률로써 제한할 수 있으며, 제한하는 경우에도 자유와 권리의 본질적인 내용을 침해할 수 없다.

제41조 모든 국민은 법률로 정하는 바에 따라 납세의 의무를 진다.

제42조

① 모든 국민은 법률로 정하는 바에 따라 국방의 의무를 진다.

② 국가는 국방의 의무를 이행하는 국민의 인권을 보장하기 위한 정책을 시행해야 한다.

③ 누구도 병역의무의 이행으로 불이익한 처우를 받지 않는다.

제3장 국회

제43조 입법권은 국회에 있다.

제44조

① 국회는 국민이 보통·평등·직접·비밀 선거로 선출한 국회의원으로 구성한다.

② 국회의원의 수는 법률로 정하되, 200명 이상으로 한다.

③ 국회의원의 선거구와 비례대표제, 그 밖에 선거에 관한 사항은 법률로 정하되, 국회의 의석은 투표자의 의사에 비례하여 배분해야 한다.

제45조

① 국회의원의 임기는 4년으로 한다.

② 국민은 국회의원을 소환할 수 있다. 소환의 요건과 절차 등 구체적인 사항은 법률로 정한다.

제46조 국회의원은 법률로 정하는 직(職)을 겸할 수 없다.

제47조

① 국회의원은 현행범인인 경우를 제외하고는 회기 동안 국회의동의 없이 체포되거나 구금되지 않는다.

② 국회의원이 회기 전에 체포되거나 구금된 경우 현행범인이 아닌 한 국회의 요구가 있으면 회기 동안 석방된다.

제48조 국회의원은 국회에서 직무상 발언하거나 표결한 것에 관하여 국회 밖에서 책임을 지지 않는다.

제49조

① 국회의원은 청렴해야 할 의무를 진다.

② 국회의원은 국가이익을 우선하여 양심에 따라 직무를 수행한다.

③ 국회의원은 그 지위를 남용하여 국가·공공단체 또는 기업체와의 계약이나 그 처분에 의하여 재산상의 권리·이익 또는 직위를 취득하거나 타인을 위하여 그 취득을 알선할 수 없다.

제50조
① 국회의 정기회는 법률로 정하는 바에 따라 매년 1회 열며, 국회의 임시회는 대통령 또는 국회 재적의원 4분의 1 이상의 요구로 연다.
② 정기회의 회기는 100일을, 임시회의 회기는 30일을 초과할 수 없다.
③ 대통령이 임시회를 요구하는 경우 기간과 이유를 명시해야 한다.
제51조 국회는 의장 1명과 부의장 2명을 선출한다.
제52조 국회는 헌법 또는 법률에 특별한 규정이 없으면 재적의원 과반수의 출석과 출석의원 과반수의 찬성으로 의결한다. 가부동수일 때에는 부결된 것으로 본다.
제53조
① 국회의 회의는 공개한다. 다만, 출석의원 과반수의 찬성이 있거나 의장이 국가의 안전보장을 위하여 필요하다고 인정할 때에는 공개하지 않을 수 있다.
② 공개하지 않은 회의 내용의 공표에 관하여는 법률로 정한다.
제54조 국회에 제출된 법률안, 그 밖의 의안은 회기 동안에 의결되지 못한 이유로 폐기되지 않는다. 다만, 국회의원의 임기가 만료된 경우에는 폐기된다.
제55조
① 국회의원은 법률안을 제출할 수 있다.
② 정부는 국회의원 10명 이상의 동의를 받아 법률안을 제출할 수 있다.
③ 법률안이 지방자치와 관련되는 경우 국회의장은 지방정부에 이를 통보해야 하며, 해당 지방정부는 그 법률안에 대하여 의견을 제시할 수 있다. 구체적인 사항은 법률로 정한다.
제56조 국민은 법률안을 발의할 수 있다. 발의의 요건과 절차 등 구체적인 사항은 법률로 정한다.
제57조
① 국회에서 의결된 법률안은 정부에 이송된 날부터 15일 이내에 대통령이 공포한다.
② 대통령은 법률안에 이의가 있을 때에는 제1항의 기간 안에 이의서를 붙여 국회로 돌려보내고, 재의를 요구할 수 있다. 국회의 폐회 중에도 또한 같다.
③ 대통령은 법률안의 일부에 대하여 또는 법률안을 수정하여 재의를 요구할 수 없다.
④ 국회는 대통령의 재의 요구가 있을 때에는 재의에 부치고, 재적의원 과반수의 출석과 출석의원 3분의 2 이상의 찬성으로 전과 같은 의결을 하면 그 법률안은 법률로 확정된다.
⑤ 대통령이 제1항의 기간 안에 공포나 재의 요구를 하지 않은 경우에도 그 법률안은 법률로 확정된다.
⑥ 대통령은 제4항에 따라 확정된 법률은 정부에 이송된 지 5일 이내에, 제5항에 따라 확정된 법률은 지체 없이 공포하여야 한다. 다만, 대통령이 공포하지 않으면 국회의장이 공포한다.
⑦ 법률은 특별한 규정이 없는 한 공포한 날부터 20일이 지나면 효력이 생긴다.₩

제58조
① 국회는 국가의 예산안을 심의하여 예산법률로 확정한다.
② 정부는 회계연도마다 예산안을 편성하여 회계연도 개시 120일 전까지 국회에 제출하고, 국회는 회계연도 개시 30일 전까지 예산법률안을 의결해야 한다.
③ 새로운 회계연도가 개시될 때까지 예산법률이 효력을 발생하지 못한 경우 정부는 예산법률이 효력을 발생할 때까지 다음의 목적을 위한 경비를 전년도 예산법률에 준하여 집행할 수 있다.
1. 헌법이나 법률에 따라 설치한 기관이나 시설의 유지운영
2. 법률로 정하는 지출 의무의 실행
3. 이미 예산법률로 승인된 사업의 계속
④ 예산안의 심의와 예산법률안의 의결 등에 필요한 사항은 법률로 정한다.

제59조
① 한 회계연도를 넘어 계속하여 지출할 필요가 있는 경우 정부는 연한(年限)을 정하여 계속비로서 국회의 의결을 거쳐야 한다.
② 예비비는 총액으로 국회의 의결을 거쳐야 한다. 예비비의 지출은 차기 국회의 승인을 받아야 한다.

제60조 정부는 예산법률을 개정할 필요가 있는 경우 추가경정예산안을 편성하여 국회에 제출할 수 있다.

제61조 국회는 정부의 동의 없이 정부가 제출한 지출예산 각항의 금액을 늘리거나 새 비목(費目)을 설치할 수 없다.

제62조 국채를 모집하거나 예산법률 외에 국가의 부담이 될 계약을 맺으려면 정부는 미리 국회의 의결을 거쳐야 한다.

제63조 조세의 종목과 세율은 법률로 정한다.

제64조
① 국회는 다음 조약의 체결·비준에 대한 동의권을 가진다.
1. 상호원조나 안전보장에 관한 조약
2. 중요한 국제조직에 관한 조약
3. 우호통상항해조약
4. 주권의 제약에 관한 조약
5. 강화조약(講和條約)
6. 국가나 국민에게 중대한 재정 부담을 지우는 조약
7. 입법사항에 관한 조약
8. 그 밖에 법률로 정하는 조약

② 국회는 선전포고, 국군의 외국 파견 또는 외국 군대의 대한민국 영역 내 주류(駐留)에 대한 동의권을 가진다.

제65조
① 국회는 국정을 감사하거나 특정한 국정사안에 대하여 조사할 수 있으며, 이에 필요한 서류의 제출, 증인의 출석, 증언, 의견의 진술을 요구할 수 있다.
② 국정감사와 국정조사의 절차, 그 밖에 필요한 사항은 법률로 정한다.

제66조
① 국무총리·국무위원 또는 정부위원은 국회나 그 위원회에 출석하여 국정 처리 상황을 보고하거나 의견을 진술하고 질문에 응답할수 있다.
② 국회나 그 위원회에서 요구하면 국무총리·국무위원 또는 정부위원은 출석하여 답변해야 한다. 다만, 국무총리나 국무위원이 출석 요구를 받은 경우 국무위원이나 정부위원으로 하여금 출석·답변하게 할 수 있다.

제67조
① 국회는 국무총리나 국무위원의 해임을 대통령에게 건의할 수 있다.
② 제1항의 해임건의를 하려면 국회 재적의원 3분의 1 이상이 발의하고 국회 재적의원 과반수가 찬성해야 한다.

제68조
① 국회는 법률에 위반되지 않는 범위에서 의사와 내부 규율에 관한 규칙을 제정할 수 있다.
② 국회는 의원의 자격을 심사하며, 의원을 징계할 수 있다.
③ 국회의원을 제명하려면 국회 재적의원 3분의 2 이상이 찬성해야 한다.
④ 제2항과 제3항의 처분에 대해서는 법원에 제소할 수 없다.

제69조
① 대통령, 국무총리, 국무위원, 행정각부의 장, 헌법재판소 재판관, 법관, 중앙선거관리위원회 위원, 감사원장, 감사위원, 그 밖에 법률로 정하는 공무원이 직무를 집행하면서 헌법이나 법률을 위반한 경우 국회는 탄핵의 소추를 의결할 수 있다.
② 제1항의 탄핵소추를 하려면 국회 재적의원 3분의 1 이상이 발의하고 국회 재적의원 과반수가 찬성해야 한다. 다만, 대통령에 대한 탄핵소추는 국회 재적의원 과반수가 발의하고 국회 재적의원 3분의 2 이상이 찬성해야 한다.
③ 탄핵소추의 의결을 받은 사람은 탄핵심판이 있을 때까지 권한을 행사하지 못한다.
④ 탄핵결정은 공직에서 파면하는 데 그친다. 그러나 파면되더라도 민사상 또는 형사상 책임이 면제되지는 않는다.

끝

제4장 정부

제1절 대통령

제70조
① 대통령은 국가를 대표한다.
② 대통령은 국가의 독립과 계속성을 유지하며, 영토를 보전하며, 헌법을 수호할 책임과 의무를 진다.
③ 대통령은 조국의 평화 통일을 위하여 성실히 노력할 의무를 진다.
④ 행정권은 대통령을 수반으로 하는 행정부에 있다.

제71조
① 대통령은 국민의 보통·평등·직접·비밀 선거로 선출한다.
② 제1항의 선거에서 유효투표 총수의 과반수를 얻은 사람을 당선자로 한다.
③ 제2항의 당선자가 없을 때에는 최고득표자가 1명이면 최고득표자와 그 다음 순위 득표자에 대하여, 최고득표자가 2명 이상이면 최고득표자 전원에 대하여 결선투표를 실시하고, 그 결과 다수득표자를 당선자로 한다. 결선투표에서 최고득표자가 2명 이상일 때에는 국회 재적
의원 과반수가 출석한 공개회의에서 다수표를 얻은 사람을 당선자로 한다.
④ 제3항에 따른 결선투표 실시 전에 결선투표의 당사자가 사퇴·사망하여 최고득표자가 없게 된 경우에는 재선거를 실시하고, 최고득표자 1명만 남게 된 경우 최고득표자가 당선자가 된다.
⑤ 대통령 후보자가 1명인 경우 선거권자 총수의 3분의 1 이상을 득표하지 않으면 대통령으로 당선될 수 없다.
⑥ 대통령으로 선거될 수 있는 사람은 국회의원의 피선거권이 있어야 한다.
⑦ 대통령 선거에 관한 사항은 법률로 정한다.

제72조
① 대통령의 임기가 만료되는 경우 임기만료 70일 전부터 40일전 사이에 후임자를 선거한다.
② 대통령이 궐위(闕位)된 경우 또는 대통령 당선자가 사망하거나 판결, 그 밖의 사유로 그 자격을 상실한 경우 60일 이내에 후임자를 선거한다.
③ 결선투표는 제1항 및 제2항에 따른 첫 선거일부터 14일 이내에 실시한다.
제73조 대통령은 취임에 즈음하여 다음의 선서를 한다.
"나는 헌법을 준수하고 국가를 지키며 조국의 평화 통일과 국민의 자유와 복리의 증진 및 문화의 창달에 노력하여 대통령으로서 맡은 직책을 성실히 수행할 것을 국민 앞에 엄숙히 선서합니다."
제74조 대통령의 임기는 4년으로 하되, 연이어 선출되는 경우에만 한 번중임할 수 있다.

제75조

① 대통령이 궐위되거나 질병·사고 등으로 직무를 수행할 수 없는 경우 국무총리, 법률로 정한 국무위원의 순서로 그 권한을 대행한다.

② 대통령이 사임하려고 하거나 질병·사고 등으로 직무를 수행할 수 없는 경우 대통령은 그 사정을 국회의장과 제1항에 따라 권한대행을 할 사람에게 서면으로 미리 통보해야 한다.

③ 제2항의 서면 통보가 없는 경우 권한대행의 개시 여부에 대한 최종적인 판단은 국무총리가 국무회의의 심의를 거쳐 헌법재판소에 신청하여 그 결정에 따른다.

④ 권한대행의 지위는 대통령이 복귀 의사를 서면으로 통보한 때에 종료된다. 다만, 복귀한 대통령의 직무 수행 가능 여부에 대한 다툼이 있을 때에는 대통령, 재적 국무위원 3분의 2 이상 또는 국회의장이 헌법재판소에 신청하여 그 결정에 따른다.

⑤ 제1항에 따라 대통령의 권한을 대행하는 사람은 그 직을 유지하는 한 대통령 선거에 입후보 할 수 없다.

⑥ 대통령의 권한대행에 관하여 필요한 사항은 법률로 정한다.

제76조 대통령은 필요하다고 인정할 경우 외교·국방·통일, 그 밖에 국가안위에 관한 중요 정책을 국민투표에 부칠 수 있다.

제77조 대통령은 조약을 체결·비준하고, 외교사절을 신임·접수 또는파견하며, 선전포고와 강화를 한다.

제78조

① 대통령은 헌법과 법률로 정하는 바에 따라 국군을 통수한다.

② 국군의 조직과 편성은 법률로 정한다.

제79조 대통령은 법률에서 구체적으로 범위를 정하여 위임받은 사항과 법률을 집행하는 데 필요한 사항에 관하여 대통령령을 발(發)할 수 있다.

제80조

① 대통령은 내우외환, 천재지변 또는 중대한 재정·경제상의 위기에 국가의 안전보장이나 공공의 안녕질서를 유지하기 위하여 긴급한 조치가 필요하고 국회의 집회를 기다릴 여유가 없을 때에만 최소한으로 필요한 재정·경제상의 처분을 하거나 이에 관하여 법률의 효력을 가지는 명령을 발할 수 있다.

② 대통령은 국가의 안위에 관계되는 중대한 교전 상태에서 국가를 보위하기 위하여 긴급한 조치가 필요함에도 국회의 집회가 불가능한 경우에만 법률의 효력을 가지는 명령을 발할 수 있다.

③ 대통령은 제1항과 제2항의 처분이나 명령을 한 경우 지체 없이 국회에 보고하여 승인을 받아야 한다.

④ 제3항의 승인을 받지 못한 때에는 그 처분이나 명령은 그때부터 효력을 상실한다. 이 경우 그 명

끝

령에 의하여 개정되었거나 폐지되었던 법률은 그 명령이 승인을 받지 못한 때부터 당연히 효력을 회복한다.
⑤ 대통령은 제3항과 제4항의 사유를 지체 없이 공포해야 한다.

제81조
① 대통령은 전시·사변 또는 이에 준하는 국가비상사태에 병력으로써 군사상의 필요에 응하거나 공공의 안녕질서를 유지할 필요가 있을 때에는 법률로 정하는 바에 따라 계엄을 선포할 수 있다.
② 계엄은 비상계엄과 경비계엄으로 구분한다.
③ 비상계엄이 선포된 경우 법률로 정하는 바에 따라 영장제도, 언론·출판·집회·결사의 자유, 정부나 법원의 권한에 관하여 특별한조치를 할 수 있다.
④ 계엄을 선포한 경우 대통령은 지체 없이 국회에 통고해야 한다.
⑤ 국회가 재적의원 과반수의 찬성으로 계엄의 해제를 요구하면 대통령은 계엄을 해제해야 한다.

제82조 대통령은 헌법과 법률로 정하는 바에 따라 공무원을 임면(任免)한다.

제83조
① 대통령은 법률로 정하는 바에 따라 사면·감형 또는 복권을명할 수 있다.
② 일반사면을 명하려면 국회의 동의를 받아야 하고, (특별사면을 명하려면 사면위원회의 심사를 거쳐야 한다.)
③ 사면·감형과 복권에 관한 사항은 법률로 정한다.

제84조 대통령은 법률로 정하는 바에 따라 훈장을 비롯한 영전을 수여한다.

제85조 대통령은 국회에 출석하여 발언하거나 문서로 의견을 표시할 수 있다.

제86조 대통령의 국법상 행위는 문서로써 하며, 이 문서에는 국무총리와 관계 국무위원이 부서(副署)한다. 군사에 관한 것도 또한 같다.

제87조 대통령은 국무총리, 국무위원, 행정각부의 장, 그 밖에 법률로 정하는 공사(公私)의 직을 겸할 수 없다.

제88조 대통령은 내란 또는 외환의 죄를 범한 경우를 제외하고는 재직 중 형사상의 소추를 받지 않는다.

제89조 전직 대통령의 신분과 예우에 관한 사항은 법률로 정한다.

제90조
① 국가안전보장에 관련되는 대외정책·군사정책과 국내정책의 수립에 관하여 국무회의의 심의에 앞서 대통령의 자문에 응하기 위하여 국가안전보장회의를 둔다.
② 국가안전보장회의는 대통령이 주재한다.
③ 국가안전보장회의의 조직, 직무범위, 그 밖에 필요한 사항은 법률로 정한다.

제91조
① 평화 통일 정책의 수립에 관한 대통령의 자문에 응하기 위하여 민주평화통일자문회의를 둘 수 있다.
② 민주평화통일자문회의의 조직, 직무범위, 그 밖에 필요한 사항은법률로 정한다.
제92조
① 국민경제의 발전을 위한 중요정책의 수립에 관하여 대통령의 자문에 응하기 위하여 국민경제자문회의를 둘 수 있다.
② 국민경제자문회의의 조직, 직무범위, 그 밖에 필요한 사항은 법률로 정한다.

제2절 국무총리와 국무위원
제93조
① 국무총리는 국회의 동의를 받아 대통령이 임명한다.
② 국무총리는 대통령을 보좌하며, 행정각부를 통할한다.
③ 현역 군인은 국무총리로 임명될 수 없다.
제94조
① 국무위원은 국무총리의 제청으로 대통령이 임명한다.
② 국무위원은 국정에 관하여 대통령을 보좌하며, 국무회의의 구성원으로서 국정을 심의한다.
③ 국무총리는 국무위원의 해임을 대통령에게 건의할 수 있다.
④ 현역 군인은 국무위원으로 임명될 수 없다.

제3절 국무회의와 국가자치분권회의
제95조
① 국무회의는 정부의 권한에 속하는 중요한 정책을 심의한다.
② 국무회의는 대통령·국무총리와 15명 이상 30명 이하의 국무위원으로 구성한다.
최대 인원 제한 그대로 두는 것에 대한 의견?
③ 대통령은 국무회의의 의장이 되고, 국무총리는 부의장이 된다.
제96조 다음 사항은 국무회의의 심의를 거쳐야 한다.
1. 국정의 기본계획과 정부의 일반 정책
2. 선전(宣戰), 강화, 그 밖의 중요한 대외 정책
3. 헌법 개정안, 국민투표안, 조약안, 법률안 및 대통령령안
4. 대통령 권한대행의 개시 여부에 대한 판단의 신청
5. 예산안, 결산, 국유재산 처분의 기본계획, 국가에 부담이 될 계약,

끝

그 밖에 재정에 관한 중요 사항
6. 대통령의 긴급명령, 긴급재정경제처분 및 명령, 계엄의 선포와 해제
7. 군사에 관한 중요 사항
8. 국회의 임시회 요구
9. 영전 수여
10. 사면·감형과 복권
11. 행정각부 간의 권한 획정
12. 정부 안의 권한 위임 또는 배정에 관한 기본계획
13. 국정 처리 상황의 평가·분석
14. 행정각부의 중요 정책 수립과 조정
15. 정당 해산의 제소
16. 정부에 제출되거나 회부된 정부 정책에 관계되는 청원의 심사
17. 검찰총장, 합동참모의장, 각군참모총장, 국립대학교 총장, 대사, 그밖에 법률로 정한 공무원과 국영기업체 관리자의 임명
18. 그 밖에 대통령·국무총리나 국무위원이 제출한 사항

제97조
① 정부와 지방정부 간 협력을 추진하고 지방자치와 지역 간 균형 발전에 관련되는 중요 정책을 심의하기 위하여 국가자치분권회의를 둔다.
② 국가자치분권회의는 대통령, 국무총리, 법률로 정하는 국무위원과 지방행정부의 장으로 구성한다.
③ 대통령은 국가자치분권회의의 의장이 되고, 국무총리는 부의장이 된다.
④ 국가자치분권회의의 조직과 운영 등 구체적인 사항은 법률로 정한다.

제4절 행정각부
제98조 행정각부의 장은 국무위원 중에서 국무총리의 제청으로 대통령이 임명한다.
제99조 국무총리 또는 행정각부의 장은 소관 사무에 관하여 법률이나 대통령령의 위임 또는 직권으로 총리령 또는 부령을 발할 수 있다.
제100조 행정각부의 설치·조직과 직무 범위는 법률로 정한다.

제5장 법원

제101조
① 사법권은 법관으로 구성된 법원에 있다. 국민은 법률로 정하는 바에 따라 배심 또는 그 밖의 방법으로 재판에 참여할 수 있다.

② 법원은 최고법원인 대법원과 각급 법원으로 조직한다.
③ 법관의 자격은 법률로 정한다.

제102조
① 대법원에 일반재판부와 전문재판부를 둘 수 있다.
② 대법원에 대법관을 둔다. 다만, 법률로 정하는 바에 따라 대법관이 아닌 법관을 둘 수 있다.
③ 대법원과 각급 법원의 조직은 법률로 정한다.

제103조 법관은 헌법과 법률에 의하여 그 양심에 따라 독립하여 심판한다.

제104조
① 대법원장은 국회의 동의를 받아 대통령이 임명한다.
② 대법관은 대법관추천위원회의 추천을 거쳐 대법원장 제청으로 국회의 동의를 받아 대통령이 임명한다.
③ 대법관추천위원회는 대통령이 지명하는 3명, 대법원장이 지명하는 3명, 법률로 정하는 법관회의에서 선출하는 3명으로 구성한다.
④ 대법원장·대법관이 아닌 법관은 법률로 정하는 법관인사위원회의 제청으로 대법관회의의 동의를 받아 대법원장이 임명한다.
⑤ 대법관추천위원회 및 법관인사위원회의 조직과 운영 등 구체적인 사항은 법률로 정한다.

제105조
① 대법원장의 임기는 6년으로 하며, 중임할 수 없다.
② 대법관의 임기는 6년으로 하며, 법률로 정하는 바에 따라 연임할 수 있다.
③ 법관의 정년은 법률로 정한다.

제106조
① 법관은 탄핵되거나 금고 이상의 형을 선고받지 않고는 파면되지 않으며, 징계처분에 의하지 않고는 해임, 정직, 감봉, 그 밖의 불리한 처분을 받지 않는다.
② 법관이 중대한 심신상의 장해로 직무를 수행할 수 없을 때에는 법률로 정하는 바에 따라 퇴직하게 할 수 있다.

제107조
① 법률이 헌법에 위반되는지가 재판의 전제가 된 경우 법원은 헌법재판소에 제청하여 그 심판에 따라 재판한다.
② 명령·규칙·조례 또는 자치규칙이 헌법이나 법률에 위반되는지가 재판의 전제가 된 경우 대법원은 이를 최종적으로 심사할 권한을 가진다.
③ 재판의 전심절차로서 행정심판을 할 수 있다. 행정심판의 절차는 법률로 정하되, 사법절차가 준용되어야 한다.

끝

제108조 대법원은 법률에 위반되지 않는 범위에서 소송에 관한 절차, 법원의 내부 규율과 사무 처리에 관한 규칙을 제정할 수 있다.
제109조 재판의 심리와 판결은 공개한다. 다만, 심리는 국가의 안전보장 또는 안녕질서를 방해하거나 선량한 풍속을 해칠 염려가 있을 때에는 법원의 결정으로 공개하지 않을 수 있다.
제110조
① 비상계엄 선포 시 또는 국외파병 시의 군사재판을 관할하기 위하여 특별법원으로서 군사법원을 둘 수 있다.
② 군사법원의 상고심은 대법원에서 관할한다.
③ 군사법원의 조직·권한 및 재판관의 자격은 법률로 정한다.

제6장 헌법재판소

제111조
① 헌법재판소는 다음 사항을 관장한다.
1. 법원의 제청에 의한 법률의 위헌 여부 심판
2. 탄핵의 심판
3. 정당의 해산 심판
4. 국가기관 상호 간, 국가기관과 지방정부 간, 지방정부 상호 간의 권한쟁의에 관한 심판
5. 법률로 정하는 헌법소원에 관한 심판
6. 대통령 권한대행의 개시 또는 대통령의 직무 수행 가능 여부에 관한 심판
7. 그 밖에 법률로 정하는 사항에 관한 심판
② 헌법재판소는 9명의 재판관으로 구성하며, 재판관은 대통령이 임명한다.
③ 제2항의 재판관 중 3명은 국회에서 선출하는 사람을, 3명은 대법관회의에서 선출하는 사람을 임명한다.
④ 헌법재판소의 장은 재판관 중에서 호선한다.
제112조
① 헌법재판소 재판관의 임기는 6년으로 하며, 법률로 정하는 바에 따라 연임할 수 있다.
② 헌법재판소 재판관은 정당에 가입하거나 정치에 관여할 수 없다.
③ 헌법재판소 재판관은 탄핵되거나 금고 이상의 형을 선고받지 않고는 파면되지 않는다.
제113조
① 헌법재판소에서 법률의 위헌결정, 탄핵의 결정, 정당해산의 결정 또는 헌법소원에 관한 인용결정

을 할 때에는 재판관 6명 이상이 찬성해야 한다.
② 헌법재판소는 법률에 위반되지 않는 범위에서 심판에 관한 절차, 내부 규율과 사무 처리에 관한 규칙을 제정할 수 있다.
③ 헌법재판소의 조직과 운영, 그 밖에 필요한 사항은 법률로 정한다.

제7장 감사원

제114조
① 국가의 세입·세출의 결산, 국가·지방정부 및 법률로 정하는 단체의 회계검사, 법률로 정하는 국가·지방정부의 기관 및 공무원의 직무에 관한 감찰을 하기 위하여 감사원을 둔다.
② 감사원은 독립하여 직무를 수행한다.
제115조
① 감사원은 원장을 포함한 9명의 감사위원으로 구성하며, 감사위원은 대통령이 임명한다.
② 제1항의 감사위원 중 3명은 국회에서 선출하는 사람을, 3명은 대법관회의에서 선출하는 사람을 임명한다.
③ 감사원장은 감사위원 중에서 국회의 동의를 받아 대통령이 임명한다.
④ 감사원장과 감사위원의 임기는 6년으로 한다. 다만, 감사위원으로 재직 중인 사람이 감사원장으로 임명되는 경우 그 임기는 감사위원 임기의 남은 기간으로 한다.
⑤ 감사위원은 정당에 가입하거나 정치에 관여할 수 없다.
⑥ 감사위원은 탄핵되거나 금고 이상의 형을 선고받지 않고는 파면되지 않는다.
제116조 감사원은 세입·세출의 결산을 매년 검사하여 대통령과 다음연도 국회에 그 결과를 보고해야 한다.
제117조
① 감사원은 법률에 위반되지 않는 범위에서 감사에 관한 절차, 감사원의 내부 규율과 감사사무 처리에 관한 규칙을 제정할 수 있다.
② 감사원의 조직, 직무 범위, 감사위원의 자격, 감사 대상 공무원의범위, 그 밖에 필요한 사항은 법률로 정한다.

제8장 선거관리위원회

제118조
① 선거관리위원회는 다음 사무를 관장한다.
1. 국가와 지방정부의 선거에 관한 사무

끝

2. 국민발안, 국민투표, 국민소환의 관리에 관한 사무
3. 정당과 정치자금에 관한 사무
4. 주민발안, 주민투표, 주민소환의 관리에 관한 사무
5. 그 밖에 법률로 정하는 사무
② 중앙선거관리위원회는 대통령이 임명하는 3명, 국회에서 선출하는 3명, 대법관회의에서 선출하는 3명의 위원으로 구성한다. 위원장은 위원 중에서 호선한다.
③ 위원의 임기는 6년으로 한다.
④ 위원은 정당에 가입하거나 정치에 관여할 수 없다.
⑤ 위원은 탄핵되거나 금고 이상의 형을 선고받지 않고는 파면되지 않는다.
⑥ 중앙선거관리위원회는 법률에 위반되지 않는 범위에서 소관 사무의 처리와 내부 규율에 관한 규칙을 제정할 수 있다.
⑦ 각급 선거관리위원회의 조직, 직무범위, 그 밖에 필요한 사항은 법률로 정한다.

제119조
① 각급 선거관리위원회는 선거인 명부의 작성 등 선거사무와 국민투표 사무에 관하여 관계 행정기관에 필요한 지시를 할 수 있다.
② 제1항의 지시를 받은 행정기관은 지시에 따라야 한다.

제120조
① 누구나 자유롭게 선거운동을 할 수 있다. 다만, 후보자 간 공정한 기회를 보장하기 위하여 필요한 경우에만 법률로써 제한할 수 있다.
② 선거에 관한 경비는 법률로 정하는 경우를 제외하고는 정당이나 후보자에게 부담시킬 수 없다.

제9장 지방자치

제121조
① 지방정부의 자치권은 주민으로부터 나온다. 주민은 지방정부를 조직하고 운영하는 데 참여할 권리를 가진다.
② 지방정부의 종류 등 지방정부에 관한 주요 사항은 법률로 정한다.
③ 주민발안, 주민투표 및 주민소환에 관하여 그 대상, 요건 등 기본적인 사항은 법률로 정하고, 구체적인 내용은 조례로 정한다.
④ 국가와 지방정부 간, 지방정부 상호 간 사무의 배분은 주민에게 가까운 지방정부가 우선한다는 원칙에 따라 법률로 정한다.

제122조

① 지방정부에 주민이 보통·평등·직접·비밀 선거로 구성하는 지방의회를 둔다.
② 지방의회의 구성 방법, 지방행정부의 유형, 지방행정부의 장의 선임 방법 등 지방정부의 조직과 운영에 관한 기본적인 사항은 법률로 정하고, 구체적인 내용은 조례로 정한다.

제123조
① 지방의회는 법률에 위반되지 않는 범위에서 주민의 자치와 복리에 필요한 사항에 관하여 조례를 제정할 수 있다. 다만, 권리를 제한하거나 의무를 부과하는 경우 법률의 위임이 있어야 한다.
② 지방행정부의 장은 법률 또는 조례를 집행하기 위하여 필요한 사항과 법률 또는 조례에서 구체적으로 범위를 정하여 위임받은 사항에 관하여 자치규칙을 정할 수 있다.

제124조
① 지방정부는 자치사무의 수행에 필요한 경비를 스스로 부담한다. 국가 또는 다른 지방정부가 위임한 사무를 집행하는 경우 그 비용은 위임하는 국가 또는 다른 지방정부가 부담한다.
② 지방의회는 법률에 위반되지 않는 범위에서 자치세의 종목과 세율, 징수 방법 등에 관한 조례를 제정할 수 있다.
③ 조세로 조성된 재원은 국가와 지방정부의 사무 부담 범위에 부합하게 배분되어야 한다.
④ 국가와 지방정부, 지방정부 상호 간에 법률로 정하는 바에 따라 적정한 재정조정을 시행한다.

제10장 경제

제125조
① 대한민국의 경제 질서는 개인과 기업의 경제상의 자유와 창의를 존중함을 기본으로 한다.
② 국가는 균형 있는 국민경제의 성장 및 안정과 적정한 소득의 분배를 유지하고, 시장의 지배와 경제력의 남용을 방지하며, 경제 주체 간의 상생과 조화를 통한 경제의 민주화를 실현하기 위하여 경제에 관한규제와 조정을 할 수 있다.
③ 국가는 지역 간의 균형 있는 발전을 위하여 지역경제를 육성할 의무를 진다.

제126조
① 국가는 국토와 자원을 보호해야 하며, 지속 가능하고 균형 있는 이용·개발과 보전을 위하여 필요한 계획을 수립한다.
② 광물을 비롯한 중요한 지하자원, 해양수산자원, 산림자원, 수력과 풍력 등 경제상 이용할 수 있는 자연력은 법률로 정하는 바에 따라 국가가 일정 기간 채취·개발 또는 이용을 특허할 수 있다.

제127조
① 국가는 농지에 관하여 경자유전(耕者有田)의 원칙이 달성될 수 있도록 노력해야 하며, 농지의

소작제도는 금지된다.
② 농업생산성의 제고와 농지의 합리적인 이용을 위하거나 불가피한 사정으로 발생하는 농지의 임대차와 위탁경영은 법률로 정하는 바에 따라 인정된다.

제128조
① 국가는 국민 모두의 생산과 생활의 바탕이 되는 국토의 효율적이고 균형 있는 이용·개발과 보전을 위하여 법률로 정하는 바에 따라 필요한 제한을 하거나 의무를 부과할 수 있다.
② 국가는 토지의 공공성과 합리적 사용을 위하여 필요한 경우에 한하여 특별한 제한을 하거나 의무를 부과할 수 있다.

제129조
① 국가는 식량의 안정적 공급과 생태 보전 등 농어업의 공익적 기능을 바탕으로 농어촌의 지속 가능한 발전과 농어민의 삶의 질 향상을 위한 지원 등 필요한 계획을 시행해야 한다.
② 국가는 농수산물의 수급균형과 유통구조의 개선에 노력하여 가격 안정을 도모함으로써 농어민의 이익을 보호한다.
③ 국가는 농어민의 자조조직을 육성해야 하며, 그 조직의 자율적 활동과 발전을 보장한다.

제130조
① 국가는 중소기업과 소상공인을 보호·육성하고, 협동조합의 육성 등 사회적 경제의 진흥을 위하여 노력해야 한다.
② 국가는 중소기업과 소상공인의 자조조직을 육성해야 하며, 그 조직의 자율적 활동과 발전을 보장한다.

제131조
① 국가는 안전하고 우수한 품질의 생산품과 (용역)을 제공받을 수 있도록 (소비자의 권리)를 보장해야 하며, 이를 위하여 필요한 정책을 시행해야 한다.
② 국가는 법률로 정하는 바에 따라 소비자운동을 보장한다.

제132조 국가는 대외무역을 육성하며, 이를 규제·조정할 수 있다.

제133조 국방이나 국민경제에 절실히 필요하여 법률로 정하는 경우를 제외하고는, 사영기업을 국유 또는 공유로 이전하거나 그 경영을 통제또는 관리할 수 없다.

제134조
① 국가는 국민경제의 발전과 국민의 삶의 질 향상을 위하여 (기초 학문을 장려하고) 과학기술을 혁신하며 정보와 인력을 개발하는 데 노력해야 한다.
② 국가는 국가표준제도를 확립한다.
③ 대통령은 제1항의 목적을 달성하기 위하여 필요한 자문기구를 둘 수 있다.

제11장 헌법 개정

제135조
① 헌법 개정은 국회 재적의원 과반수 또는 대통령의 발의로 제안된다.
② 대통령의 임기 연장 또는 중임 변경을 위한 헌법 개정은 그 헌법개정 제안 당시의 대통령에 대해서는 효력이 없다.
제136조 대통령은 제안된 헌법 개정안을 20일 이상 공고해야 한다.
제137조
① 제안된 헌법 개정안은 공고된 날부터 60일 이내에 국회에서 표결해야 하며, 국회 재적의원 3분의 2 이상의 찬성으로 의결된다.
② 헌법 개정안은 국회에서 의결된 날부터 30일 이내에 국민투표에 부쳐 국회의원 선거권자 과반수의 투표와 투표자 과반수의 찬성을 얻어야 한다.
③ 헌법 개정안이 제2항의 찬성을 얻은 경우 헌법 개정은 확정되며, 대통령은 즉시 이를 공포해야 한다.

끝

참고문헌

01. 박홍순, 『헌법의 발견』, 비아북, 2015.
02. 「'헌법 1조'로 집권한 文대통령, '헌법 10조' 들고나온 이유는(종합)」, 이데일리, 2020. 8. 15.
03. 「외국인 자녀에게 한국 국적을?…우수인재 늘리겠다는 정부」, 한국경제, 2020. 8. 28.
04. 「[헌재결정] 복수국적자 국적 이탈 기간 예외 없이 일률 적용한다?」, 헌법재판소 블로그, 2020. 10. 8.
05. 차병직 외 2인, 『지금 다시, 헌법』, 위즈덤하우스, 2016.
06. 「한국군 총칼에 가족 잃은 베트남 여성, 정부 상대 첫 배상 소송」, 경향신문, 2020. 4. 21.
07. 대법원, 『판결문』, 사건번호 2006다81035, 2009년 4월 23일 재판.
08. 『NAVER 지식 iN』, 고시맨 님 답변, 「강행규정과 임의규정」, <https://kin.naver.com/qna/detail.nhn?d1id=6&dirId=60215&docId=353562853&qb=6rCV7ZaJ6rec7KCVlOyehOydmOq3nOyglQ==&enc=utf8&section=kin&rank=3&search_sort=0&spq=0>.
09. 「비대면예배가 "사탄의 간계"라고?」, 한겨레21, 2020. 8. 28.
10. 「사랑제일교회·광복절 집회 관련 확진자 1,400명 넘어」, 한국경제, 2020. 8. 30.
11. 「'광복절 집회 허용한 판사 해임' 청와대 청원 20만명 육박…비난 고조」, 서울경제, 2020. 8. 21.
12. 「'스윙보터' 50대…'이남자'의 선택은?」, KBS, 2020. 4. 18.
13. 국가인권위원회, 『2020년 차별에 대한 국민인식조사 보고서』, 2020.
14. 이승현 외 5명, 『혐오표현 리포트』, 인권위원회, 2019.
15. 『서울대학교 언론정보연구소 factcheck』, 서울대학교 언론정보연구소 factcheck, 「온라인 허위정보 대응 방법」, <https://factcheck.snu.ac.kr/documents/193>.
16. 「가짜뉴스의 함정에 빠지지 않는 법」, 한국기독공보, 2020. 1. 16.
17. 온실가스종합정보센터장, 「2019년 국가 온실가스 인벤토리 보고서」, 온실가스종합정보센터, 2019. 12.
18. 『네이버 지식백과』, 한경 경제용어사전, 「파리기후협약」, <https://terms.naver.com/entry.nhn?docId=3329531&cid=42107&categoryId=42107>.
19. IPCC, 『지구온난화 1.5°C 특별보고서』, IPCC, 2018. 10.
20. 환경부, 「탄소중립 지방정부 실천연대 발족식」, 환경부, 2020. 7. 7.
21. 『다음백과』, 다음백과, 「국민소환제」, <https://100.daum.net/encyclopedia/view/18XXXXXXXX97>.

끝

22. 김환표, 『트랜드 지식사전』, 인물과사상사, 2013.
23. 「내년 울트라 예산 558조..민원성 SOC 예산 끼워넣기 여전」, 이데일리, 2020. 12. 2.
24. 「신보라 "나경원 VS 고민정 급 안 맞아"」, 이데일리, 2020. 2. 3.
25. 『네이버 지식백과』, 두산백과, 「공무담임권」, <https://terms.naver.com/entry.nhn?docId=1063277&cid=40942&categoryId=31721>.
26. 「[팩트체크] SKY나온 55세 남자들...21대 국회 300명 스펙 보니」, 뉴스래빗, 2020. 5. 29.
27. 「고민정 "나경원과 급 안맞는다? 국민이 판단할 것"」, CBS 김현정의 뉴스쇼, 2020년 2월 4일 방영.
28. 「'포스트 코로나' 4大 대책...입법까진 먼 길」, 한국경제, 2020. 5. 12.
29. 「한국판 뉴딜, 전 국민 고용보험 가입 가능하게 한다!」, 정책주간지<공감>, 2020. 8. 20.
30. 「'연동형 비례제' 골자 선거법 개정안 본회의 통과」, 뉴시스, 2019. 12. 27.
31. 「최초·최장·최다...21대 국회가 세운 기록들」, YTN, 2021. 1. 1.
32. 「야당 국회부의장 공석 언제까지...후반기엔 선출될 듯」, 대전일보, 2021. 2. 7.
33. 「[시론] 예술인 고용보험과 문화향유권」, 서울신문, 2021. 1. 4.
34. 『위키과』, 위키백과, 「분류:대한민국의 정부별 국무위원」, <https://ko.wikipedia.org/wiki/분류:대한민국의_정부별_국무위원>.
35. 「[커버스토리] 서울 세종로 1번지 '청와대'의 주인, 그에 관한 '시크릿 스토리'」, 서울신문, 2012. 12. 19.
36. 「세대공감 1억 퀴즈쇼」, SBS, 2012년 3월 9일 방영.
37. 「탐사플러스」 공무원·건물주가 '꿈'...청소년들의 현주소」, JTBC뉴스, 2016년 2월 29일 방영.
38. 「판문점 선언 전문」"완전한 비핵화로 핵 없는 한반도 실현"」, 경향신문, 2018. 4. 27.
39. 『통일부 통일교육원』, 통일부 교육총괄과, 「[안내]9월 평양공동선언」, <https://www.uniedu.go.kr/uniedu/home/brd/bbsatcl/news/view.do?id=33511>.
40. 「65년 동안 '우리의 소원은 통일', 이제 그만 불렀으면」, 오마이뉴스, 2013. 3. 13.
41. 『행정안전부 국가기록원』, 국립영화제작소, 「새헌법에 국민투표」, <http://theme.archives.go.kr/viewer/common/archWebViewer.do?bsid=200200005031&dsid=000000000001&gubun=search>.
42. 「국회 온 '문재인 개헌안', 결국 역사 속으로」, 공공뉴스, 2018. 5. 24.
43. 「문재인 제19대 대통령 취임사 전문, '기회는 평등, 과정은 공정, 결과는 정의로울 것'」, 로팩트, 2017. 5. 10.
44. 인사혁신처, 『2020인사혁신통계연보』, 2020. 6.
45. 『두피디아』, 두산, 「통치행위」, <https://www.doopedia.co.kr/doopedia/master/master.do?_method=view&MAS_IDX=101013000863738>.

46. 『위키백과』, 위키미디어, 「사법살인」,〈https://ko.wikipedia.org/wiki/%EC%82%AC%EB%B2%95%EC%82%B4%EC%9D%B8〉.
47. 『나무위키』, umanle S.R.L., 「언더도그마」, 〈https://namu.wiki/w/%EC%96%B8%EB%8D%94%EB%8F%84%EA%B7%B8%EB%A7%88〉.
48. 『매일경제용어사전』, 매경닷컴, 「국민정서법」, 〈https://terms.naver.com/entry.nhn?docId=13011&cid=43659&categoryId=43659〉.
49. 『표준국어대사전』, 국립국어원, 「판례」, 〈https://stdict.korean.go.kr/search/searchResult.do?pageSize=10&searchKeyword=%ED%8C%90%EB%A1%80〉.
50. 「이용구 '택시기사 폭행' 논란…경찰 "판례 참고해 내사종결"」, 이데일리, 2020. 12. 21.
51. 「검찰, '이용구 사건' 한달여 재수사…인사전에 결론날까」, 뉴시스, 2021. 2. 3.
52. 『표준국어대사전』, 국립국어원, 「사선변호인」, 〈https://stdict.korean.go.kr/search/searchView.do?word_no=165382&searchKeywordTo=3〉.
53. 『표준국어대사전』, 국립국어원, 「국선변호인」, 〈https://stdict.korean.go.kr/search/searchView.do?word_no=36329&searchKeywordTo=3〉.
54. 「'돈받고 재판'한 판사 구속…'유전무죄' 드러나 당황한 법원」, 뉴스원, 2016. 9. 2.
55. 「[단독]대법원 '판사 블랙리스트' 운용 의혹」, 경향신문, 2017. 4. 7.
56. 「'사법농단' 양승태 영장발부…헌정 초유 사법수장 구속수감」, 연합뉴스, 2019. 1. 24.
57. 오호택, 『법원 이야기 - 살림지식총서 390』, 살림출판사, 2011.
58. 「[디지털스토리] "유전무죄 무전유죄 싫다..AI판사에 재판 받을래요"」, 연합뉴스, 2018. 9. 15.
59. 「[로스쿨 통신] 4차 산업혁명시대의 법조인」, 대한변협신문, 2018. 4. 16.
60. 「'17년의 투쟁'성폭력 코치 죗값 묻는 전 테니스 선수의 #미투」, 한겨레, 2018. 2. 24.
61. 김광민,「대한민국을 발칵 뒤집은 헌법재판소 결정20』, 현암사, 2019.
62. 서창식,「해외 주요국의 법관 인사제도(지역법관제도)와 시사점」, 『이슈와 논점』, 국회입법조사처, 2014, pp. 2-3.
63. 서창식,「해외 주요국의 법관 인사제도(지역법관제도)와 시사점」, 『이슈와 논점』, 국회입법조사처, 2014, pp. 2-3.
64. 서창식,「해외 주요국의 법관 인사제도(지역법관제도)와 시사점」, 『이슈와 논점』, 국회입법조사처, 2014, pp. 2-3.
65. 『행정안전부 국가기록원』, 법무/법제,「헌정관련 법제도 〉 헌법재판」. 〈https://www.archives.go.kr/next/search/listSubjectDescription.do?id=003121&sitePage=1-2-1〉.
66. 『헌법재판소』, 헌법재판소,「헌법재판 개관」, 〈https://www.ccourt.go.kr/site/kor/03/10301000000002020100508.jsp#conNavBox2〉.
67. 『NAVER 지식 iN』, 법무부 법무실 님 답변,「헌법재판소 각하 기각 인용?」, 〈https://kin.naver.com/qna/detail.nhn?d1id=8&dirId=814&docId=215035716&qb=7LKt6

끝

rWs7J247JeQ6rKMIOycoOumrCDtl4zrspXsnqztjJA=&enc=utf8&section=kin.ext&rank=1&search_sort=0&spq=0>.

68. 『헌법재판소 전자헌법재판센터』, 헌법재판소, 「형법 제307조 제1항 위헌확인」, <https://ecourt.ccourt.go.kr/coelec/websquare/websquare.html?w2xPath=/ui/coelec/dta/casesrch/EP4100_M01.xml&eventno=2017%ED%97%8C%EB%A7%881113>.
69. 「해외선 '사실적시 명예훼손죄' 폐지가 대세… 민사로 해결」, 국민일보, 2018. 3. 9.
70. 「"진실 밝히려다 형사처벌 받을 수도…" 사실적시 명예훼손죄 폐지 목소리 커져」, 주간한국, 2020. 10. 19.
71. 국회예산정책처, 『2020 대한민국 조세』, 2020. 6. 5.
72. 「네이버 지식백과」, 박문각 시사상식사전, 「준조세」, <https://terms.naver.com/entry.nhn?docId=930267&cid=43667&categoryId=43667>.
73. 국회예산정책처, 『4대 공적연금 장기 재정전망』, 2020. 7. 15.
74. 통계청, 『2021년 1월 소비자물가동향』, 2021.
75. 한국은행, 『경제전망보고서(20.11월)』, 2020.
76. 「가계 저축률, 21년 만에 최고 전망」, 소비라이프뉴스, 2020. 11. 30.
77. 「행정안전부 국가기록원』, 행정안전부, 「개장에서 전면개방까지, 선진국 대열에 오르다」, <https://theme.archives.go.kr/next/koreaOfRecord/stockMarket.do>.
78. 「[기획] 2020년 주식 열풍은 코로나19 때문일까?」, 한국리서치, 2020. 12. 30.
79. 「[윤희영의 News English] "복권 아니면 주식에 매달리는 한국 청년들」, 조선일보, 2020. 9. 29.
80. 『부동산용어사전』, 부연사, 「부동산투자와 투기」, <https://terms.naver.com/entry.nhn?docId=585980&cid=42094&categoryId=42094>.
81. 통계청, 「생명표」, 2020.
82. 「국민연금은 왜 강제 가입시키나? 과거 헌법소원 결과 보니」, 중앙일보, 2018. 9. 25.
83. 「"매주 로또 사요" 취업난·경기불황…복권 의존하는 2030」, 아시아경제, 2020. 8. 20.
84. 「짠테크 투자가 뜬다…소액투자상품 전성시대」, 비즈니스워치, 2021. 2. 3.
85. 「정부, 비수도권 혁신중소기업 육성 위해 1조4천억 투입」, 영남일보, 2020. 11. 26.
86. 「NPS sees big losses after Samsung C&T merger」, The Investor, 2016. 11. 21.
87. 한국기업지배구조원, 「2015년 국내 M&A 시장의 동향」, 2016년 3월 2일 발표.
88. 「'뇌물·횡령' 이재용 구속영장 기각…특검 수사 '급제동'(종합)」, 연합뉴스, 2017. 1. 19.
89. 『위키백과』, 위키백과, 「자본주의 맹아론」, <https://ko.wikipedia.org/wiki/자본주의_맹아론>.

90. 『한국민족문화대백과사전』, 한국학중앙연구원, 「소작제도」, <http://encykorea.aks.ac.kr/Contents/Item/E0030257>.

91. 『신편한국사』, 우리역사넷, 「대한민국의 성립」, <http://contents.history.go.kr/front/nh/view.do?levelId=nh_052_0040_0010_0020_0020>.

92. 『신편한국사』, 우리역사넷, 「대한민국의 성립」, <http://contents.history.go.kr/front/nh/view.do?levelId=nh_052_0040_0020_0020_0010>.

93. 『E-나라지표』, E-나라지표, 「농가 및 인구」, <http://www.index.go.kr/potal/main/EachDtlPageDetail.do?idx_cd=2745>.

94. 『NUMBEO』, NUMBEO, 「Cost of Living Index by Country 2020」, <https://www.numbeo.com/cost-of-living/rankings_by_country.jsp?title=2020>.

95. 『위키백과』, 위키백과, 「대한민국의 감사원장」, <https://ko.wikipedia.org/wiki/대한민국의_감사원장>.

96. 『위키백과』, 위키백과, 「3·15부정선거」, <https://ko.wikipedia.org/wiki/3.15_%EB%B6%80%EC%A0%95%EC%84%A0%EA%B1%B0>. 『한국민족문화대백과사전』, 한국학중앙연구원, 「3·15부정선거(三一五不正選擧)」, <https://encykorea.aks.ac.kr/Contents/Item/E0026771>.

97. 「[선관위 수난시대] 외국의 선거관리기구는」, 동아닷컴, 2009. 9. 27.

98. 「대한민국선거사, 제1회 전국동시지방선거」, 중앙선거관리위원회 사이버선거역사관, <http://museum.nec.go.kr/museum2018/bbs/2/4/1/20170912155756377100_view.do?bbs_id=20170912155756377100&article_id=20171208143044697100&article_category=4&imgNum=%EC%A7%80%EB%B0%A9%EC%84%A0%EA%B1%B0%EC%82%AC>.

99. 『네이버지식백과』, 교과서 체험학습 4학년1학기, 「우리나라지방자치제도」, <https://terms.naver.com/entry.nhn?docId=2081855&cid=47305&categoryId=47305>.

100. 『창원시청홈페이지』, 창원시청, 「지방분권」, <https://www.changwon.go.kr/portal/contents.do?mId=0608010100>.

101. 하혜수, 『지방분권 오디세이: 우리나라 지방분권의 진단과 대안』, 박영사, 2020.

102. 『e-나라지표』, 중앙행정기관, 「국세 및 지방세 비중」, < https://www.index.go.kr/potal/main/EachDtlPageDetail.do?idx_cd=1123>.

103. 「대구시 거리두기 수칙, '밤 11시→밤 9시' 영업시간 재조정」, 뉴스민, 2021. 1. 18.

104. 『다음백과』, 다음백과, 「6.25전쟁」, <https://100.daum.net/encyclopedia/view/b17a2005b>.

105. 「북한, 남북공동연락사무소 폭파」, KBS(KBS NEWS), 2020년 6월 16일 방영.

106. 「6.15 남북공동선언 20주년 기념식 축사」, YouTube(대한민국청와대), 2020년 6월 15일 방영.

107. 「국민 절반 "文정부, 대북정책 전환해야"…20대 가장 높아」, 데일리안, 2020. 6. 17.

끝

108. 조유진, 『헌법 사용 설명서 – 공화국 시민, 헌법으로 무장하라』, 이학사, 2012.

109. 조유진, 『헌법 사용 설명서 – 공화국 시민, 헌법으로 무장하라』, 이학사, 2012.

110. 「'킹덤2' 해외에서도 핫하다[MK초점]」, 스포츠투데이, 2020. 3. 21.

111. 「공연업계의 '외침'…거리두기 방역지침 조정 등 생존 방안 마련 촉구」, 스타트업투데이, 2021. 1. 21.

112. 「제주 축제.행사 대거 '취소', 예산 삭감…문화예술계 반발」, 헤드라인제주, 2020. 6. 11.

113. 『헌법이야기』, 국가기록원, 「헌법개정절차 이해하기」, <https://theme.archives.go.kr//next/rule/sub.do>.

114. 「개헌 절차, 레고로 알아보자/ 세상을 보는 레고 #1」, 스브스뉴스 SUBUSU NEWS, 2018년 3월 26일 방영.

115. 「[영상] 한 눈에 보는 역대 개헌」, YTN news, 2018년 3월 26일 방영.

116. 「개헌안 국민발안권, 폭풍의 눈 될까」, 덕성여대신문, 2020. 4. 6.

끝

별거없는헌법 별일없는우리

발행	2021년 4월 25일(초판)
지은이	마주 서우민 이은지 이정현 최노멀
발행인	최미나
편집	최미나
표지디자인	LET'S ART
펴낸곳	베이직커뮤니티
등록	2020년 1월 4일
주소	대구광역시 동구 동촌로 14길 5-2 1층
전자우편	happysuwoomin@daum.net
다음카페	베이직커뮤니티
Isbn	979-11-970733-0-4

* 베이직커뮤니티는 시민학습모임을 운영하며 시민들과 함께 책을 제작합니다
* 책 내용의 전부 또는 일부를 재사용하려면 반드시 저작권자와 베이직커뮤니티
  양측의 동의를 얻어야 합니다
* 책 값은 뒤표지에 표시되어 있습니다